LE PRONOM : généralement, le **pronom** est un mot qui remplace un nom.

Pronoms	**Exemples**
personnels	je, j', tu, il, elle, on, nous, vous, ils, elles, me, m', te, t', se, s', moi, toi, soi, le, la, lui, leur, eux
possessifs	le mien, la tienne, les siens, la nôtre, le vôtre, les leurs, etc.
démonstratifs	celui, celle, ceux, celles, ceci, cela, etc.
autres	qui, que, quoi, dont, où, etc.

LE DÉTERMINANT : le **déterminant** est un mot qui accompagne un ou plusieurs noms.

Déterminants	**Exemples**
articles	le, la, les, l', un, une, des, etc.
possessifs	ma, mon, ta, ton, sa, son, notre, nos, votre, vos, leur, leurs.
démonstratifs	ce, cet, cette, ces.
autres	deux, vingt, cent, chaque, plusieurs, quel, etc.

Léna Carrier

Carole Marcoux

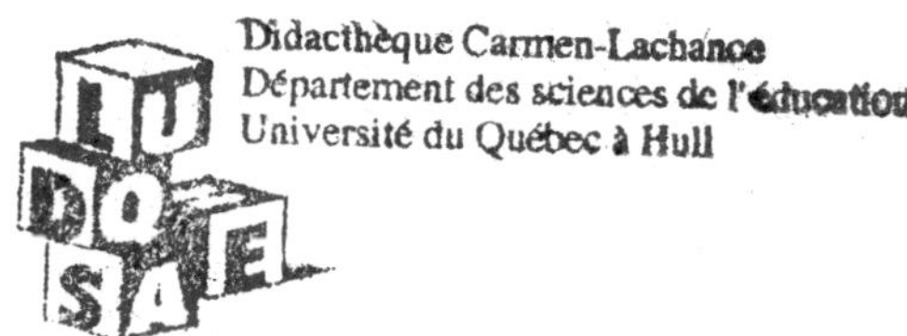

Éditions HRW

Groupe Éducalivres inc.
955, rue Bergar
Laval (Québec) H7L 4Z6
Téléphone : (514) 334-8466
Télécopieur : (514) 334-8387

Remerciements

Les auteures et l'Éditeur tiennent à remercier Monsieur Émile Seutin, du département de linguistique de l'Université de Montréal, pour la qualité et la pertinence de ses suggestions et Monsieur Jean-François Laferté, de la C.S. des Manoirs, pour sa collaboration tout au long de l'édition et de la production de cet ouvrage.

Les auteures et l'Éditeur tiennent également à souligner la collaboration, à titre de consultants, de :
Monsieur Denis Dalpé, enseignant, C.S. catholique de Sherbrooke ;
Madame Thérèse Dussault-Lincourt, enseignante, C.S. Saint-Jean-sur-Richelieu ;
Monsieur André Gignac, conseiller pédagogique, C.S. Laure-Conan ;
Madame Hélène LeBlanc, enseignante, C.S. Saint-Jean-sur-Richelieu ;
Monsieur Marcel Leblond, enseignant, C.S. de l'Élan-Bellechasse-Pointe-Lévy ;
Madame Mireille Noël, enseignante, C.S. Deux-Montagnes.

Code vert

Petite grammaire pour le primaire

Chargée de projet : Murielle Belley
Révision : François Morin
Gestion et production éditoriales : Ⓘ Services d'édition Interressources
Illustrations : Paul Rossini

ISBN 0-03-927443-8

Dépôt légal 3e trimestre 1994
Bibliothèque nationale du Québec
Bibliothèque nationale du Canada

Imprimé au Canada
1 2 3 4 LB 97 96 95 94
2 3 4 5 6 7 8 9 0 H 4 3 2 1 0 9 8 7 6 5

Imprimé sur du papier Rolland opaque 120 M blanc recyclé.

INTRODUCTION

À l'élève

Prends quelques minutes pour explorer et comprendre comment fonctionne le *Code vert*.

Tu découvriras que le *Code vert* se divise en trois grandes parties :

1. « Les règles du *Code vert* » : cette partie est la plus importante de ta grammaire. Nous y reviendrons un peu plus loin.
2. « Le dictionnaire » : cette partie se trouve aux pages 158 à 162. Elle te donne des indications qui t'aideront à trouver rapidement un mot dans le dictionnaire.
3. « Stratégies d'autocorrection » : cette partie se situe aux pages 163 à 167. Elle te propose une façon simple de réviser tes productions écrites et d'y faire les bons accords grammaticaux. Ces stratégies d'autocorrection sont d'ailleurs appliquées tout au long du *Code vert*, lorsqu'elles sont pertinentes.

Les règles du *Code vert*

Examinons plus attentivement cette partie du *Code vert*, car elle constitue le cœur de l'ouvrage. Elle te présente l'ensemble des règles grammaticales de même que des exemples d'application de ces règles. Pour t'aider à repérer les différentes règles, nous les avons regroupées sous **sept grandes sections**. Chacune de ces sections est désignée par une **couleur différente** qui apparaît au haut de chaque page. Voici la liste de ces sections et les couleurs qui leur sont associées :

Les mots
La phrase
Le groupe du nom
Le groupe du verbe
Les mots de relation
Les signes de ponctuation
Les signes orthographiques

Tu trouveras le contenu détaillé de ces sections dans la table des matières, aux pages VIII à XII. Un outil de consultation pratique s'ajoute à ces sections : les tableaux de conjugaison.

Que trouve-t-on dans chacune des pages du *Code vert* ?

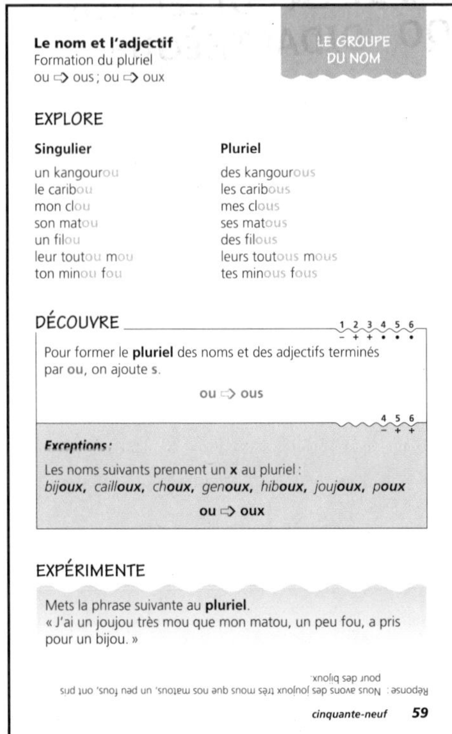

Le nom et l'adjectif
Formation du pluriel
ou ⇨ ous ; ou ⇨ oux

LE GROUPE DU NOM

EXPLORE

Singulier	Pluriel
un kangourou	des kangourous
le caribou	les caribous
mon clou	mes clous
son matou	ses matous
un filou	des filous
leur toutou mou	leurs toutous mous
ton minou fou	tes minous fous

DÉCOUVRE

Pour former le **pluriel** des noms et des adjectifs terminés par ou, on ajoute s.

ou ⇨ ous

Exceptions :

Les noms suivants prennent un **x** au pluriel :
*bij**oux**, caill**oux**, ch**oux**, gen**oux**, hib**oux**, jouj**oux**, p**oux***

ou ⇨ oux

EXPÉRIMENTE

Mets la phrase suivante au **pluriel**.
« J'ai un joujou très mou que mon matou, un peu fou, a pris pour un bijou. »

Réponse : Nous avons des joujoux très mous que nos matous, un peu fous, ont pris pour des bijoux.

cinquante-neuf **59**

Le premier principe à retenir est le suivant : ***une page, une règle***.

Chaque page du *Code vert* te présente une seule règle de grammaire. Pour chacune des règles, tu trouveras les éléments suivants :

- La grande section dans laquelle se situe la notion étudiée. Cette section est désignée par une des couleurs apparaissant dans la table des matières.
- Le nom de la notion étudiée.
- La règle particulière qui s'applique à la notion étudiée.
- ***Explore*** : des exemples bien souvent fascinants.
- ***Découvre*** : la règle de grammaire que tu découvriras.
- ***Expérimente*** : une ou deux questions qui te permettront de vérifier toi-même si tu as bien compris, puisque la réponse se trouve au bas de la page.
- ***Exceptions*** : elles sont toujours clairement signalées par un fond de couleur.
- La pagination t'est toujours donnée en chiffres et en lettres.

Le *Code vert* t'offre quelques outils de plus...

Sur les pages de garde avant et arrière du *Code vert*, tu trouveras un petit outil fort pratique. Il s'agit du **Tableau d'identification de la nature des mots**. Il te donne une brève explication de ce que sont le nom, l'adjectif, le déterminant, le verbe, l'adverbe et les mots de relation. Pour chacun d'entre eux, il te fournit ensuite une liste d'exemples de mots appartenant à ces catégories.

Tout à la fin du *Code vert,* tu trouveras un **index** qui te facilitera la tâche lorsque tu chercheras une règle particulière. C'est un outil précieux qui peut te faire gagner beaucoup de temps !

Plonge maintenant dans le *Code vert* : c'est un feu vert sur le plaisir de la consultation et de l'écriture !

À l'enseignante et à l'enseignant

Le ***Code vert*** est un outil précieux de consultation mettant en valeur un thème universel et garant d'un bel avenir : la nature et la protection de l'environnement. Cet ouvrage présente la langue dans son contexte global et favorise la découverte des liens entre les principaux éléments de la phrase. Voici comment est structuré cet instrument de référence simple.

Une démarche inductive favorisant l'élaboration de stratégies

Le ***Code vert*** présente chacune des notions grammaticales selon une démarche inductive se déroulant en trois étapes et incitant l'élève à prendre une part active à ses apprentissages.

- La première étape est une **étape d'exploration**. Dans la rubrique *Explore*, on présente à l'élève une liste d'exemples ou un court texte généralement rattaché aux thèmes de la nature ou de la protection de l'environnement. Ces exemples viennent illustrer la notion grammaticale traitée.
- La seconde étape est une **étape de découverte**. La rubrique *Découvre* est celle où l'on explique la notion grammaticale en des termes simples et accessibles aux élèves du primaire. Des stratégies qui permettent ou facilitent la reconnaissance de la nature des mots viennent enrichir ces explications. Les exceptions y sont mises en évidence par une trame de couleur.
- La troisième étape est une **étape d'objectivation**. La rubrique *Expérimente* permet l'objectivation des apprentissages par le moyen d'une question dont la réponse nécessite l'application de la règle ou de la stratégie découverte. L'élève peut également s'autocorriger, grâce à la réponse fournie en bas de page.

Le *Code vert* : un outil complet et facile à consulter

Le ***Code vert*** traite toutes les notions grammaticales prescrites par le Programme d'études de français de l'enseignement primaire et est conçu de façon à être facile à consulter.

La partie « Les règles du *Code vert* » se divise en sept grandes sections, chacune distinguée par une couleur particulière. Ces couleurs sont reproduites dans la table des matières.

Afin que les recherches soient plus faciles, chaque page ne contient qu'une seule règle.

En examinant de plus près la partie « Les règles du *Code vert* » (pages 1 à 156), vous constaterez que la rubrique *Découvre* comporte un ou plusieurs bandeaux de chiffres. Ces chiffres vous indiquent les niveaux où la notion doit être étudiée. Afin d'établir une correspondance directe avec le Programme d'études du français, nous avons intégré aux bandeaux les symboles utilisés dans le Programme.

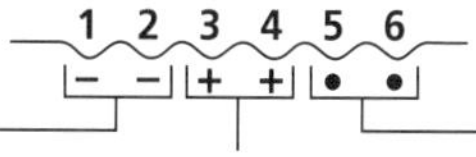

1 2 3 4 5 6
− − + + • •

Le symbole « **−** » indique que l'élément d'apprentissage doit être proposé à titre de première sensibilisation.

Le symbole « **+** » indique que l'élément d'apprentissage fait l'objet d'un enseignement systématique.

Le symbole « **•** » signifie qu'il faut procéder à l'approfondissement de la connaissance de l'élément d'apprentissage.

Le **Tableau d'identification de la nature des mots**, imprimé dans la couverture du manuel, aide l'élève en groupant des mots selon leur nature. Par analogie, l'élève pourra ainsi déterminer la nature d'un mot.

Enfin, un **index** alphabétique se trouve à la fin du manuel pour aider l'élève à trouver rapidement la notion cherchée.

Le *Code vert* : un ouvrage de consultation qui va plus loin

Outre qu'il présente à l'élève l'ensemble des notions grammaticales prescrites par le programme du primaire, le ***Code vert*** offre également deux précieux outils de consultation : des tableaux de conjugaison présentés horizontalement et verticalement (pages 129 à 156), ainsi qu'une section expliquant à l'élève comment consulter et utiliser un dictionnaire (pages 158 à 162).

De plus, la partie *Stratégies d'autocorrection*, à la page 163, présente à l'élève des démarches visant à le soutenir lorsque arrive pour lui l'étape de relecture de ses textes et de correction des erreurs d'ordre grammatical pouvant s'y trouver.

Les moyens qui lui sont proposés sont à la fois simples et faciles d'application. En quelques mots, cette démarche permet d'associer une couleur particulière aux mots appartenant à l'un des deux grands groupes de mots (groupe du nom et groupe du verbe) et d'établir clairement les liens d'accord qui existent entre eux. Aux constituants du groupe du nom, on associe la couleur bleue, et à ceux du groupe du verbe la couleur rouge. Vous trouverez une application des stratégies d'autocorrection plus particulièrement dans les pages où sont expliquées les règles d'accord.

TABLE DES MATIÈRES

INTRODUCTION

1. LES RÈGLES DU *CODE VERT*

Les mots

La phrase

Le groupe du nom

Le groupe du verbe

Les mots de relation

Les signes de ponctuation

Les signes orthographiques

Les tableaux de conjugaison

2. LE DICTIONNAIRE

3. STRATÉGIES D'AUTOCORRECTION

1. Les règles du **Code vert**

L'alphabet

EXPLORE

A	B	C	D	E	F	G	H	I	J	K	L	M
a	b	c	d	e	f	g	h	i	j	k	l	m
a	b	c	d	e	f	g	h	i	j	k	l	m

N	O	P	Q	R	S	T	U	V	W	X	Y	Z
n	o	p	q	r	s	t	u	v	w	x	y	z
n	o	p	q	r	s	t	u	v	w	x	y	z

DÉCOUVRE

1 2 3 4 5 6
\+ + + • • •

L'**alphabet** français se compose de vingt-six lettres qui se divisent en deux catégories :

les **consonnes** : b c d f g h j k l m n
p q r s t v w x (y) z

et

les **voyelles** : a e i o u (y)

La lettre **y** sert parfois de consonne et parfois de voyelle.

EXPÉRIMENTE

Qui suis-je ? Je suis essentielle à toute forme de vie sur notre planète. Mon nom se compose uniquement de **voyelles**.

Réponse : eau.

La syllabe
Définition

EXPLORE

sac vrac

dé|chet ob|jet

pou|bel|le em|bel|lir

gas|pil|la|ge ré|cu|pé|rer

é|co|lo|gi|que é|ner|gé|ti|que

en|vi|ron|ne|men|ta|lis|te

DÉCOUVRE

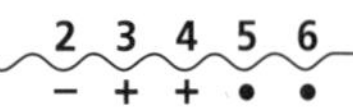

Une **syllabe** est une lettre ou un groupe de lettres que l'on prononce par une seule émission de voix. Un mot se compose d'**une** ou de **plusieurs syllabes**.

Exemples : *sac* ⇨ *une syllabe*
dé|chet ⇨ *deux syllabes*
re|cy|cler ⇨ *trois syllabes*
ré|cu|pé|rer ⇨ *quatre syllabes*

EXPÉRIMENTE

Combien comptes-tu de **syllabes** dans les mots suivants ?
1. énergie 2. eau 3. cerf-volant

Réponses : 1. Trois syllabes. 2. Une syllabe. 3. Trois syllabes.

La syllabe
Où couper le mot ?

EXPLORE

Est-ce que tes parents t'ont déjà appris à **véri-fier** la fraîcheur d'un œuf ? Plonge-le dans un **réci-pient** d'eau froide. Si l'œuf coule à pic, il est encore frais. Par contre, si tu le vois **flot-ter**, il est bon... pour la poubelle ! Tes **grands-parents** connaissent-ils ce truc ? Informe-toi !

DÉCOUVRE

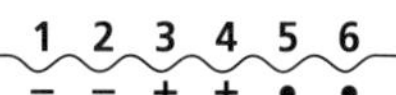

Si tu dois **couper un mot** en fin de ligne, tu dois le faire **entre deux syllabes écrites** et y insérer **un trait d'union**.

Exemples : *véri-|fier, réci-|pient*

Si tu as deux consonnes identiques qui se suivent, tu dois obligatoirement couper entre les deux.

Exemples : *co**m-**|**m**ent, flo**t-**|**t**er*

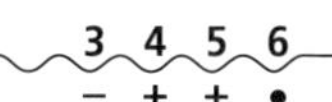

Si tu dois **couper un mot composé** en fin de ligne, tu dois obligatoirement le faire **après le trait d'union**.

Exemples : *grand-|père, grand-|mère, cerf-|volant*

EXPÉRIMENTE

Si le mot *grand-mère* se trouve à la fin d'une ligne, où dois-tu le couper ?

Réponse : après le trait d'union : grand-|mère.

La syllabe

Interdiction de couper !

EXPLORE

Mon grand-père m'a dit : « Autrefois, on achetait les produits **en vrac**. »

Contrairement à aujourd'hui, il n'y avait pas d'excès **d'emballage**.

De nos jours, le moindre petit achat exige un **sac** !

DÉCOUVRE

5 6
− +

En fin de ligne :

1) on ne coupe jamais immédiatement après une **apostrophe** ;
   Exemples : *l'ami|tié, l'élé|phant*

2) on ne coupe jamais dans un mot d'**une seule syllabe** ;
   Exemples : *eau, vrac*

3) on ne coupe jamais immédiatement avant ou après **x** ou **y** quand ces lettres sont placées entre deux voyelles ;
   Exemples : *moyen, foyer, exa|gérer*

4) on ne coupe jamais un mot après une **consonne suivie** de **r** ou **l** sauf si la première consonne est un **r** ou un **l** ;
   Exemples : *dé|tresse, rè|glement, Pier|rot, par|ler, bal|lon*

5) on ne coupe jamais un **nombre** en chiffres arabes ou romains.
   Exemples : *1994, XXe siècle*

EXPÉRIMENTE

Si le mot *exemple* est à la fin d'une ligne, où dois-tu le couper ?

Réponse : après le *m* : exem|ple.

Les familles de mots

EXPLORE

Il est très économique de **recycler** le papier.

Le **recyclage** du papier est très écologique.

Le papier est facilement **recyclable**.

Les Chinois sont les **inventeurs** du papier.

L'**invention** du papier remonte à l'an 105.

Pour **inventer** le papier, les Chinois ont utilisé de l'écorce de mûrier, du chanvre et des chiffons déchiquetés.

DÉCOUVRE

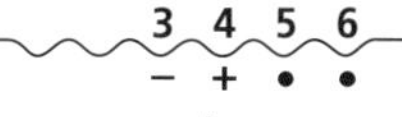

Les **mots de la même famille** ont très souvent une partie qui est identique d'un mot à l'autre.
(Cette partie identique se nomme le *radical*.)

Exemple : ***invent****er*
invent*ion*
invent*eur*
invent*if*

Ces mots font tous partie de la même famille.

EXPÉRIMENTE

Trouve d'autres **mots de la même famille** que :
1. papier ; 2. écologique.

Réponses : 1. papeterie, papetier, papetière. 2. écologie, écolo, écologiquement.

Les préfixes

EXPLORE

Peut-on **pré**dire l'avenir de notre planète ?

À ce sujet, les experts vont jusqu'à se **contre**dire et même se **dé**dire...

Et toi, qu'as-tu à **re**dire ?

DÉCOUVRE

3	4	5	6
−	+	•	•

Un **préfixe** est un élément d'une ou de plusieurs syllabes que l'on place **devant** un mot pour former un autre mot.

Un **préfixe** est toujours **devant** le mot.

Exemples : *dire :* ***pré****dire*
re*dire*
dé*dire*
contre*dire*

N'oublie pas de consulter un dictionnaire pour connaître la définition de ces mots.

EXPÉRIMENTE

Forme des mots en ajoutant des **préfixes** au mot *poser*.

Réponses : reposer, entreposer, déposer, juxtaposer, superposer, imposer, etc.

Les suffixes

EXPLORE

L'araignée est carni**vore**.

Cet épouvant**ail** attire les oiseaux !

La toit**ure** de cette maisonn**ette** permet l'économie d'énergie.

Le blanchi**ment** du papier occasionne des problèmes.

DÉCOUVRE

3 4 5 6
− + • •

Un **suffixe** est un élément d'une ou de plusieurs syllabes que l'on place **après** un mot pour former un autre mot.

Parfois, on change ou on supprime une ou quelques lettres à la fin du mot avant d'ajouter un **suffixe**.

Exemples :	*épouvante*	+	***ail***	=	*épouvantail*
	insecte	+	***vore***	=	*insectivore*
	nature	+	***el***	=	*naturel*
	toit	+	***ure***	=	*toiture*

EXPÉRIMENTE

Observe les mots suivants : *épouvante, épouvantail*.
Que remarques-tu ?

Réponse : On enlève le e du mot épouvante avant d'ajouter le suffixe *ail*.

Les synonymes

EXPLORE

Les fourmis sont des **travailleuses acharnées**.

↕ ↕

Les fourmis sont des **ouvrières infatigables**.

Elles **accumulent** sans cesse des **provisions**.

↕ ↕

Elles **entassent** sans cesse des **réserves**.

S'entraînent-elles **régulièrement** pour demeurer si **actives** ?

↕ ↕

S'entraînent-elles **assidûment** pour rester si **affairées** ?

DÉCOUVRE

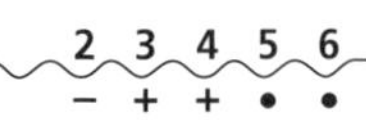

Les **synonymes** sont des mots de substitution : ils ont pratiquement le **même sens** et sont de même nature.

Donc, si tu veux remplacer un mot par un **synonyme**, tu ne peux remplacer un nom que par un autre nom, un adjectif que par un autre adjectif et un verbe que par un autre verbe, au même temps et à la même personne.

S'il existe plusieurs **synonymes** pour un même mot, tu choisis celui qui correspond le plus au sens que tu veux exprimer.

EXPÉRIMENTE

Repère dans la section « Explore » deux **synonymes** du verbe *amassent*.

Réponse : accumulent, entassent.

EXPLORE

Le carcajou a le poil **clair** sur le dos.
↕
Le carcajou a le poil **foncé** sur le dos.

Le mâle est **légèrement** plus **grand** que la femelle.
↕ ↕
Le mâle est **énormément** plus **petit** que la femelle.

Le carcajou vit dans le **nord** du Québec.
↕
Le carcajou vit dans le **sud** du Québec.

Cet animal n'a **jamais** foisonné au Québec.
↕
Cet animal a **toujours** foisonné au Québec.

DÉCOUVRE

2 3 4 5 6
− + + • •

L'**antonyme** est un mot de substitution qui a un sens **opposé** à celui d'un autre mot. Ces mots de sens **contraire** sont de même nature grammaticale. L'**antonyme** d'un nom est un nom, celui d'un verbe est un verbe, et ainsi de suite.

EXPÉRIMENTE

Quel est l'**antonyme** du mot *mâle* ?

Réponse : femelle.

Les homophones
Définition

EXPLORE

La grande musaraigne est très répandue au Québec.
Son habitat se situe dans les lieux humides qui **sont** recouverts de végétation.
Ce mammifère **se** nourrit surtout d'insectes.
On apprécie les musaraignes parce qu'elles **ont** l'habitude de détruire beaucoup d'insectes nuisibles.

DÉCOUVRE

enrichissement

Les **homophones** sont des mots qui **se prononcent de la même manière** mais qui **s'écrivent différemment**.

Exemple : **Ce** *mammifère* **se** *nourrit surtout d'insectes.*

Ce et **se** ont le même son, mais leur orthographe est différente.

Dans les pages qui suivent, tu trouveras quelques exemples d'homophones.

Explore !

EXPÉRIMENTE

Va voir l'index de la page 168, tu y trouveras la liste de quelques **homophones**. Combien en comptes-tu ?

Réponse : vingt-quatre homophones.

Les homophones

mes / mais

EXPLORE

Mes deux hamsters se dressent sur leurs pattes de derrière pour faire peur.

Je trouve ça drôle, **mais** je ne ris pas.

Mes hamsters pourraient en être vexés.

DÉCOUVRE

enrichissement

Mes est un **déterminant** qui indique à qui appartient une chose ou un être. On peut le remplacer par un autre **déterminant** : *tes*, *ses*, *les*, etc.

Exemples : ***mes*** *hamsters,* ***tes*** *hamsters,* ***ses*** *hamsters,*
nos *hamsters, etc.*

Mais est un **mot de relation**. On peut le remplacer par **pourtant** ou **cependant**.

Exemple : *Je trouve ça drôle,* ***mais*** *je ne ris pas.*
Je trouve ça drôle, ***pourtant*** *je ne ris pas.*
Je trouve ça drôle, ***cependant*** *je ne ris pas.*

EXPÉRIMENTE

D'après toi, *pourtant* et *cependant* sont-ils des **mots de relation** ? Si tu hésites, consulte la page 115.

Réponse : *Pourtant* et *cependant* sont des mots de relation.

LES MOTS

Les homophones

à / a

EXPLORE

Le koala **a** toujours mangé des feuilles d'eucalyptus.

Mais les forêts d'eucalyptus se déboisent **à** un rythme rapide.

Le koala **a** de plus en plus de difficulté **à** trouver sa nourriture.

DÉCOUVRE

enrichissement

À est un **mot de relation**.

Pour en savoir plus sur les mots de relation, va voir à la page 113.

Exemple : *Les gens allaient **à** la chasse au koala.*

A est le **verbe *avoir*** conjugué au présent de l'indicatif, à la 3e personne du singulier.

On peut le conjuguer à un autre temps.

Exemple : *Le koala **a** beaucoup de difficulté.*
*Le koala **avait** beaucoup de difficulté.*
*Le koala **a eu** beaucoup de difficulté.*

EXPÉRIMENTE

Repère le verbe conjugué au passé composé avec l'auxiliaire *avoir* dans la section « Explore ».

Si tu hésites, consulte la page 101.

Réponse : *a mangé*.

Les homophones
on / ont

EXPLORE

Le grand corbeau et la corneille d'Amérique **ont** des liens étroits de parenté.

On reconnaît facilement leurs cris rauques et saccadés.

Ces oiseaux **ont** des couvées qui comptent de deux à sept œufs.

DÉCOUVRE

enrichissement

On est un **pronom** à la 3e personne du singulier. Il accompagne toujours un verbe. On peut le remplacer par un **nom** ou un **pronom** à la 3e personne du singulier.

Exemple : ***on*** *reconnaît,* ***Léon*** *reconnaît,* ***elle*** *reconnaît, etc.*

Ont est le **verbe *avoir*** au présent de l'indicatif, à la 3e personne du pluriel. On peut le remplacer par le verbe ***avoir*** conjugué à d'autres temps, à la 3e personne du pluriel.

Exemple : *Ces oiseaux* ***ont*** *des couvées.*
Ces oiseaux ***avaient*** *des couvées.*
Ces oiseaux ***ont eu*** *des couvées.*

EXPÉRIMENTE

1. Peut-on remplacer *ont* par *auraient* ?
2. Pourquoi ?

Réponses : 1. Oui. 2. Parce que c'est aussi le verbe *avoir* à la 3e personne du pluriel.

LES MOTS

Les homophones

son / sont

EXPLORE

Les jeunes bélugas **sont** de couleur brunâtre à la naissance.

La femelle donne naissance à un bébé tous les trois ans.

Son petit ne sera sevré qu'à l'âge de deux ans.

DÉCOUVRE

enrichissement

Son est un **déterminant** qui indique à qui appartient une chose ou un être. Il accompagne toujours un nom. On peut le remplacer par un autre **déterminant** : *un*, *mon*, *ton*, *le*, *ce*, etc.

Exemple : ***son*** *petit,* ***mon*** *petit,* ***le*** *petit, etc.*

Sont est le **verbe *être*** conjugué au présent de l'indicatif, à la 3e personne du pluriel. On peut le remplacer par le verbe ***être*** conjugué à un autre temps, à la 3e personne du pluriel.

Exemple : *Les jeunes bélugas* ***sont*** *de couleur brunâtre.*
Les jeunes bélugas ***étaient*** *de couleur brunâtre.*
Les jeunes bélugas ***seront*** *de couleur brunâtre.*

EXPÉRIMENTE

1. Dans la troisième phrase de la section « Explore », peut-on remplacer *son* par *ton* ?
2. Pourquoi ?

Réponses : 1. Oui. 2. Parce que *ton* est aussi un déterminant.

Les homophones
ma / m'a, ta / t'a, la / l'a

EXPLORE

Ma cousine **m'a** appris que les poissons chantaient.

Elle veut en imiter un. **La** nuit, elle grince des dents.

Ça y est, elle **l'a** !

Et toi, **ta** symphonie nocturne ressemble-t-elle à **la** voix de certains poissons ?

DÉCOUVRE

enrichissement

Ma, **ta**, **la** sont des **déterminants singuliers**. On peut les remplacer par d'autres déterminants singuliers.

Exemple : ***ma*** *cousine,* ***ta*** *cousine,* ***notre*** *cousine, etc.*

M'a, **t'a**, **l'a** sont formés de deux mots :
un **pronom** (***me***, ***te*** ou ***le***) et le **verbe *avoir*** au présent de l'indicatif, à la 3e personne du singulier. On écrit **m'a**, **t'a**, **l'a** quand on peut conjuguer le verbe ***avoir*** à un autre temps.

Exemple : *Elle* ***l'a*** *!*
Elle ***l'avait*** *!*
Elle ***l'aura*** *!*

EXPÉRIMENTE

Dans la phrase suivante, par quoi peux-tu remplacer *t'a* ?
« Est-ce que cette page t'a appris quelque chose ? »

Réponse : t'avait, t'aura, t'aurait.

Les homophones
mon / m'ont

EXPLORE

Mon chien aime bien la chienne de ma voisine.

Hier, ces deux compères **m'ont** surpris pendant que je jouais dehors. Zut ! Ils **m'ont** volé le ballon.

DÉCOUVRE

enrichissement

Mon est un **déterminant singulier** qui indique à qui appartient une chose ou un être. On peut le remplacer par un autre déterminant singulier.

Exemple : *Ils m'ont volé* ***mon*** *ballon.*
Ils m'ont volé ***un*** *ballon.*
Ils m'ont volé ***ce*** *ballon.*

M'ont est composé de deux mots :
le **pronom *me*** et le **verbe *avoir*** au présent de l'indicatif, à la 3e personne du pluriel. On peut remplacer **ont** par le verbe ***avoir*** conjugué à un autre temps.

Exemple : *Ils* ***m'ont*** *volé mon ballon.*
Ils ***m'avaient*** *volé mon ballon.*
Ils ***m'auront*** *volé mon ballon.*

EXPÉRIMENTE

Dans la phrase suivante, par quel mot peux-tu remplacer *mon* ?
« Je crois que mon chien est amoureux ! »

Réponse : ton, son, notre, votre, leur, ce, le, etc.

Les homophones
ce/se

EXPLORE

Ce hibou avale **ce** mulot tout rond. Ensuite, il **se** repose. Huit heures plus tard, il **se** débarrasse de **ce** qui est trop difficile à digérer. Il recrache d'un seul coup les os, la fourrure et le reste.

DÉCOUVRE

enrichissement

Ce peut être un **déterminant** ou un **pronom**. Quand **ce** est un **déterminant**, on peut le remplacer par un autre **déterminant** : *mon*, *un*, *son*, etc.

Exemple : ***ce*** *hibou,* ***un*** *hibou,* ***le*** *hibou, etc.*

Quand **ce** est un pronom, il signifie « **cela** ».

Exemple : *Il se débarrasse de* ***ce*** *qui est trop difficile à digérer.*
Il se débarrasse de ***cela*** *qui est trop difficile à digérer.*

Se est un **pronom personnel**. Il complète toujours le verbe. Il signifie « **soi-même** ».

Exemple : *Il* ***se*** *débarrasse des restes.*
Il ***se*** *débarrasse* ***lui-même*** *des restes.*

EXPÉRIMENTE

Dans la section « Explore », quels verbes sont précédés du pronom *se* ?

Réponse : les verbes *repose* et *débarrasse*.

Les homophones
c'est / s'est

EXPLORE

C'est à partir d'un grain de sable que **s'est** formée cette perle.
Le grain **s'est** glissé dans une huître.
Inquiète, celle-ci **s'est** défendue en enrobant le grain de sable avec de la nacre.
Après plusieurs années, **c'est** une perle qu'on a pu récolter.

DÉCOUVRE

enrichissement

C'est est formé de deux mots : **c'** (le pronom *ce*) et **est**, le verbe *être* conjugué au présent de l'indicatif, à la 3e personne du singulier.

On peut remplacer *c'est* par *cela est*.

Exemple : ***C'est*** *à partir d'un grain de sable...*
Cela est *à partir d'un grain de sable...*

S'est est formé de deux mots : **s'** (le pronom *se*) et **est**, le verbe *être* conjugué au présent de l'indicatif, à la 3e personne du singulier. *Se* signifie « soi-même ».
Il y a toujours un participe passé après *s'est*.

Exemple : *Le grain* ***s'est*** *glissé.*
Le grain ***s'est*** *glissé* ***lui-même****.*

EXPÉRIMENTE

Dans la section « Explore », trouve les participes passés qui suivent *s'est*.

Réponse : formée, glissé, défendue.

Les homophones
ces / ses

EXPLORE

Ces arbres, **ces** arbustes et **ces** fleurs font la renommée du Jardin botanique.
Ces rosiers sont parmi mes préférés.
Mon oncle, lui, préfère regarder **ses** légumes pousser dans le jardin communautaire.
Il tire toute sa fierté de **ses** brocolis, de **ses** choux et de **ses** tomates.

DÉCOUVRE

enrichissement

Ces est un **déterminant pluriel** qui indique ce qu'on **veut montrer**.

Exemple : ***Ces*** *rosiers sont parmi mes préférés.*
Les *rosiers* ***que je te montre*** *sont parmi mes préférés.*

Ses est un **déterminant pluriel** qui indique à qui appartient une chose ou un être.

Exemple : *Mon oncle préfère* ***ses*** *légumes.*
Mon oncle préfère ***les*** *légumes* ***qu'il possède****.*
Mon oncle préfère ***les*** *légumes* ***qui sont à lui****.*

EXPÉRIMENTE

Ses indique **à qui appartient une chose ou un être**. Dans la section « Explore », peux-tu trouver un autre déterminant pluriel qui indique le possesseur ?

Réponse : mes.

Les homophones

ou / où

EXPLORE

Lorsque nous jetons nos emballages, nous polluons le monde **où** nous vivons.

Acheter une « boîte à lunch » en plastique **ou** un sac à lunch en tissu permet d'éviter l'utilisation de sacs en plastique **ou** en papier, que nous jetons par la suite.

DÉCOUVRE

enrichissement

Ou est un mot qui sépare des idées et propose un choix. Je peux le remplacer par **ou bien**.

Exemple : *Acheter une « boîte à lunch »* ***ou*** *un sac.*
Acheter une « boîte à lunch » ***ou bien*** *un sac.*

Où est souvent un **adverbe** qui indique le **lieu**. (Voir la liste des adverbes, page 112.)

Exemple : *Nous polluons le monde* ***où*** *nous vivons.*
Où indique un lieu : le monde ***où*** nous vivons.

EXPÉRIMENTE

Dans la phrase suivante, quels mots pourraient avoir des **homophones** ?
« Mais où est mon lunch ? »

Réponse : les homophones *mais*, *où* et *mon*.

La phrase
Définition

EXPLORE

Savais-tu qu'il y a 250 espèces d'érables dans le monde **?**
Au Québec, on trouve principalement l'érable argenté, l'érable rouge et notre célèbre érable à sucre**.**
La région Chaudière-Appalaches est la région du Québec qui compte le plus grand nombre de cabanes à sucre**.**
On y dénombre 3 852 cabanes à sucre **! I**magine**...**

DÉCOUVRE

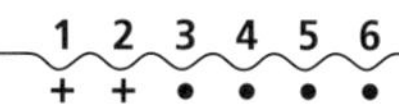

Généralement, la **phrase** est une suite de mots. Elle transmet **une idée** ou **un message**. La **phrase** commence par une **majuscule** et se termine par un **point** (**. ? ! ...**).

Il y a plusieurs sortes de phrases : les phrases déclaratives affirmatives, déclaratives négatives, impératives, interrogatives et exclamatives. Pour les connaître, consulte les pages suivantes.

3 4 5 6
− − + +

La phrase est généralement constituée d'un **sujet** et d'un **groupe du verbe**. Le sujet est, tout aussi souvent, un simple pronom.

Exemple : *[Les cabanes à sucre] [sont nombreuses.]*

Sujet :	Les cabanes à sucre
Groupe du verbe :	sont nombreuses.

Remarque : Une phrase peut contenir un seul mot et exprimer une idée complète malgré tout. Le sujet est alors sous-entendu.

Exemples : ***I****magine****...****,* ***S****ortez* ***!***

EXPÉRIMENTE

Peux-tu nommer les **sortes de phrases** expliquées dans cette grammaire ? Si tu hésites, consulte l'index à la page 168.

Réponse : Les phrases déclaratives (affirmatives et négatives), impératives, interrogatives et exclamatives.

La phrase simple

EXPLORE

Les déserts **couvrent** une grande partie des continents.

Les déserts **peuvent** être de sable, de pierres ou de glace.

Au nord de l'Afrique, l'immense désert du Sahara **s'étend** sur des milliers de kilomètres.

DÉCOUVRE

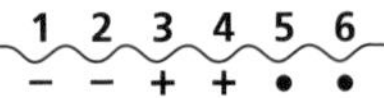

La **phrase simple** est une phrase qui contient **un seul verbe conjugué**, c'est-à-dire une seule proposition.

Exemple : *Les déserts* ***couvrent*** *une grande partie des continents.*

EXPÉRIMENTE

La phrase suivante est-elle une **phrase simple** ? Pourquoi ?
« Le Sahara, dont le nom signifie en arabe « terre ocre désolée », s'étend sur des milliers de kilomètres. »

Réponse : Non, car elle contient deux verbes, donc deux propositions.

La phrase complexe

EXPLORE

Les montagnes Rocheuses **sont considérées** comme de jeunes montagnes, bien qu'elles **soient** âgées de plus de 11 millions d'années.

Plusieurs sommets de cette chaîne de montagnes **sont** si élevés qu'ils **sont recouverts** de neiges éternelles.

DÉCOUVRE

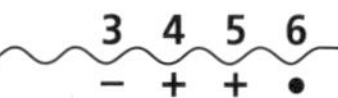

La **phrase complexe** est formée de plusieurs propositions. Elle contient donc **plusieurs verbes**.

Exemple : *[Plusieurs sommets de cette chaîne de montagnes* ***sont*** *si élevés] [qu'ils* ***sont recouverts*** *de neiges éternelles.]*

EXPÉRIMENTE

La phrase suivante est-elle une **phrase simple** ou une **phrase complexe** ? Pourquoi ?
« Les montagnes Rocheuses s'étendent sur la côte ouest de l'Amérique du Nord. »

Réponse : C'est une phrase simple, car elle ne contient qu'un seul verbe, donc une seule proposition.

La phrase déclarative

Forme affirmative

EXPLORE

Le radeau des cimes est une invention nouvelle**.**

Il s'agit d'une immense surface qui repose sur le haut des arbres**.**

Elle ressemble à un grand canot pneumatique
muni d'un plancher en filet**.**

Grâce à cette invention, les chercheurs peuvent travailler au sommet des arbres dans la forêt tropicale**.**

DÉCOUVRE

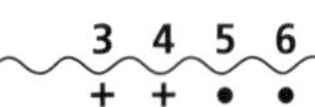

Une **phrase déclarative** de forme **affirmative** affirme un **fait**, une **idée** ou un **état**.

La phrase de ce type se termine par un **point (.)**.

EXPÉRIMENTE

1. Lorsque tu affirmes un fait, une opinion ou un état, par quel **signe de ponctuation** termines-tu tes phrases ?
2. Comment appelle-t-on ce type de phrases ?

Réponses : 1. Par un point. 2. Une phrase déclarative de forme affirmative.

La phrase déclarative
Forme négative

EXPLORE

La population des grues géantes continue de croître, mais elle **n**'est **pas** encore hors de danger**.**

En 1912, il **ne** restait **plus** que quatre-vingts grues géantes au Texas et en Louisiane**.**

Personne ne souhaite la disparition de ces grands échassiers**.**

DÉCOUVRE

3 4 5 6
\+ + • •

Une **phrase déclarative** de forme **négative** indique ce que le sujet **n'est pas** ou ce qu'il **ne fait pas**.
La **phrase déclarative** de forme **négative** se termine par un **point (.)**.

Dans la phrase déclarative négative, on trouve :

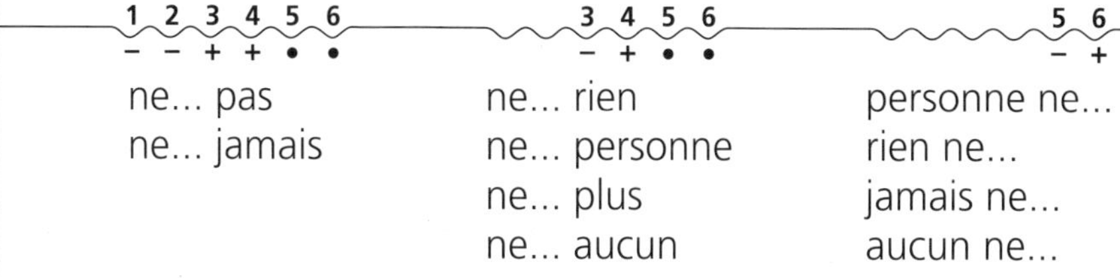

1 2 3 4 5 6 − − + + • •	3 4 5 6 − + • •	5 6 − +
ne... pas	ne... rien	personne ne...
ne... jamais	ne... personne	rien ne...
	ne... plus	jamais ne...
	ne... aucun	aucun ne...

EXPÉRIMENTE

Que peut-on trouver dans une **phrase déclarative négative** à la place de *ne* ?

Réponse : *n'*.

La phrase impérative

EXPLORE

Quand tu vas jouer dehors en hiver, **n'oublie pas** que le froid engourdit. **Secoue** tes mains et **frappe**-les l'une contre l'autre si elles sont froides.

Bouge tes orteils et **sautille** sur place pour dégourdir tes pieds. **Frotte** ton nez s'il est gelé. Bref, **active** la circulation sanguine **!**

Amuse-toi bien **!**

DÉCOUVRE

3 4 5 6
\+ + • •

Une **phrase impérative** donne un **ordre** ou un **conseil**. Cet ordre ou ce conseil peut être affirmatif ou négatif.

Une **phrase impérative** se termine par un **point (.)** ou un **point d'exclamation (!)**.

Si l'ordre ou le conseil est donné sans insistance : **.**
Si l'ordre ou le conseil est donné avec insistance : !

Si l'ordre ou le conseil est **négatif**, il sera accompagné de :

1 2 3 4 5 6 – – + + • •	3 4 5 6 – + • •	3 4 5 6 – + • •
ne... pas ne... jamais	ne... plus ne... rien	ne... personne ne... aucun

EXPÉRIMENTE

1. Il y a deux sortes de **phrases impératives**. Peux-tu les nommer ?
2. Par quels signes de ponctuation une **phrase impérative** peut-elle se terminer ?

Réponses : 1. Les phrases impératives affirmative et négative.
2. Par un point (.) ou un point d'exclamation (!).

EXPLORE

Savais-tu que si tu te brosses les dents pendant une minute, tu dépenses six litres d'eau **?** **P**ourquoi ne pas fermer le robinet pendant le brossage **?**

DÉCOUVRE

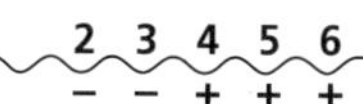

Une **phrase interrogative** sert à poser une **question**. Elle commence par une majuscule et se termine toujours par un **point d'interrogation (?).**

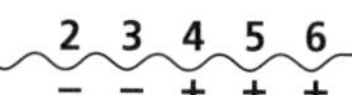

Un **mot d'interrogation** peut introduire la phrase interrogative. Il s'agit souvent de *Est-ce que*, d'un pronom (*qui*, *que*) ou d'un mot de relation (*où*, *quand*, *comment*, *pourquoi*).

- (Mot d'interrogation) + verbe + pronom... ?
  Exemples : *Que sais-tu... ? Sais-tu... ?*
- (Mot d'interrogation) + sujet + verbe... ?
  Exemples : *Est-ce que tu crois... ? Tu crois... ?*

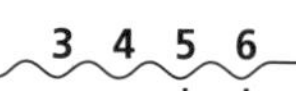

- (Mot d'interrogation) + nom + verbe + pronom... ?
  Exemples : *Pourquoi l'eau est-elle vitale ? L'eau est-elle vitale ?*

4 5 6
− − +

- Mot de relation + mot d'interrogation + (nom) + verbe + pronom... ?
  Exemple : *Depuis quand travaille-t-elle ?*

EXPÉRIMENTE

Que remarques-tu en ce qui concerne le sujet et le verbe ?
« Crois-tu pouvoir te brosser les dents de façon écologique ? »

Réponse : Il y a un trait d'union entre le verbe et le sujet.

LA PHRASE

La phrase exclamative

EXPLORE

Le soleil est si important dans notre vie **!**
Quelle immense source d'énergie **!**

Depuis des milliers d'années, des gens façonnent des briques de terre et les laissent cuire au soleil.

Avec ces briques de terre cuite, ils construisent leurs maisons.
Vraiment, le soleil émet plein d'énergie **!**

DÉCOUVRE

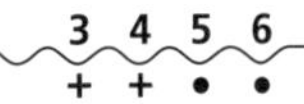

Une **phrase exclamative** exprime une **émotion vive** telle que la joie, la colère, la déception, etc.

Une **phrase exclamative** se termine toujours par un **point d'exclamation (!).**

Elle peut être affirmative : *C'est important !*
ou négative : *Il n'est pas trop tôt !*

Une **phrase exclamative** peut contenir un seul mot.

Exemple : *Agissons !*

EXPÉRIMENTE

Dans le texte de la section « Explore », repère les **phrases exclamatives**.
Que remarques-tu à propos de ces phrases ?

Réponse : Elles se terminent par un point d'exclamation.

Le groupe du nom

EXPLORE

Comment charmer **un serpent venimeux** ?
Au son d'**une flûte mélodieuse**,
le charmeur de serpents fait sortir
le cobra de **son panier**. Si **le cobra**
te regarde, balance **ton corps**
d'**un rythme souple et léger**.
Il cherchera à t'imiter.
Au secours ! ! !

DÉCOUVRE

3	4	5	6
+	+	•	•

Le nom est souvent accompagné d'un ou de plusieurs mots.

Le **nom** et ces **mots** forment le **groupe du nom**.

3	4	5	6
–	–	+	+

Le **groupe du nom** peut prendre les formes suivantes :

- un **déterminant** + un **nom** (un adjectif peut aussi les accompagner) ;
  Exemple : *Comment charmer* ***un serpent venimeux*** *?*
- un **nom propre** ;
  Exemple : ***Sophie*** *joue de la flûte.*
- un **pronom**.
  Exemple : ***Il*** *cherchera à t'imiter.*

EXPÉRIMENTE

Quels genres de mots trouve-t-on habituellement dans le **groupe du nom** ?

Réponse : des noms, des noms propres, des adjectifs, des déterminants et des pronoms.

Le groupe du verbe

EXPLORE

Le mot hippopotame **signifie « cheval de rivière »**.

Le mot hippopotame **signifie au sens littéral « cheval de rivière »**.

Le mot hippopotame **signifie curieusement « cheval de rivière »**.

DÉCOUVRE

3 4 5 6
− − + +

Dans une phrase, le **verbe** peut être accompagné d'**un ou de plusieurs mots**. Ces mots complètent ou précisent le verbe. Le verbe et ces mots forment le **groupe du verbe**.

Le groupe du verbe peut prendre les formes suivantes :

- un verbe seul, constitué d'un ou de deux mots ;
  Exemple : *L'hippopotame* ***nage****.*
- un verbe + un ou des compléments ;
  Exemple : *L'hippopotame* ***s'avance doucement dans l'eau****.*

4 5 6
− + +

- un verbe + un attribut.
  Exemple : *Cet hippopotame* ***est superbe****.*

EXPÉRIMENTE

Dans la phrase suivante, quels mots complètent le **verbe** *signifier* ?
« Le mot hippopotame signifie bizarrement et drôlement *cheval de rivière.* »

Réponse : Deux adverbes : *bizarrement* et *drôlement*, ainsi qu'un nom et un complément du nom : *cheval* et *de rivière*.

Le sujet

EXPLORE

Le zèbre est un animal astucieux.

Il se gratte le ventre contre une grosse pierre.

Ces pierres sont rares dans le sud de l'Afrique.

Les zèbres et leurs petits attendent donc leur tour pour profiter de cette pierre !

DÉCOUVRE

3 4 5 6
\+ + • •

Le **sujet** est généralement un **nom**, un **groupe du nom** ou un **pronom**.

Pour trouver le **sujet**, pose la question *qui ?* ou *qu'est-ce qui ?* devant le verbe.

Exemple : *Les zèbres et leurs petits attendent leur tour.*
Qui** attend son tour ?* ***Les zèbres et leurs petits.
Zèbres et *petits* sont les **sujets** de *attendent*.

EXPÉRIMENTE

Observe les **sujets** de la section « Explore ».
Quelle est la nature de ces mots ?

Réponse : des noms (*zèbre*, *pierres* et *petits*) et un pronom (*il*).

La proposition

EXPLORE

[Les girafes **vivent** dans les pays chauds,]
et [pourtant elles **boivent** rarement.] [Elles ne **boivent** qu'une fois tous les trois ou quatre jours.]
[Elles **écartent** largement les pattes antérieures]
et [**abaissent** leur cou vers la mare.]
[Bien qu'elle **mesure** 4,50 m,]
[la girafe **est adaptée** à ce comportement.]

DÉCOUVRE

enrichissement

Une **proposition** contient un **verbe conjugué**. Une phrase comprend une ou plusieurs propositions. Dans une phrase, **il y a autant de propositions que de verbes conjugués**.

Exemple : *Les girafes **vivent** dans les pays chauds, et pourtant elles **boivent** rarement.*

Dans cette phrase, il y a deux verbes conjugués, donc deux propositions :
1. Les girafes vivent dans les pays chauds,
2. pourtant elles boivent rarement.

EXPÉRIMENTE

Dans la phrase ci-dessous, combien y a-t-il de **propositions** ? Justifie ta réponse.
« Lorsqu'elles boivent, les girafes écartent leurs pattes antérieures. »

Réponse : Il y a deux propositions parce qu'il y a deux verbes conjugués : *boivent, écartent.*

Le nom
Définition

EXPLORE

Noms simples	Noms composés
un **garde**	un **garde-manger**
le **bonheur**	ce **porte-bonheur**
le **ciel**	un **arc-en-ciel**
mon **lit**	son **couvre-lit**
un **ver**	un **ver de terre**
une **rivière**	**Trois-Rivières**

DÉCOUVRE

3	4	5	6
+	+	•	•

Le **nom** est un mot variable qui sert à désigner :

- un être vivant ⇨ un grand-père, Félix
- une chose ⇨ une ville, Trois-Rivières
- une idée ⇨ l'opinion, un avis
- un sentiment ⇨ la joie, la fierté
- un état, etc. ⇨ la maladie, la santé

enrichissement

Le **nom** peut être **simple**.
Exemples : *père, pomme*

Le **nom** peut être **composé** de plusieurs mots.
Exemples : *grand-père, pomme de terre*

EXPÉRIMENTE

Dans la section « Découvre », repère deux **noms** qui ont une lettre majuscule.

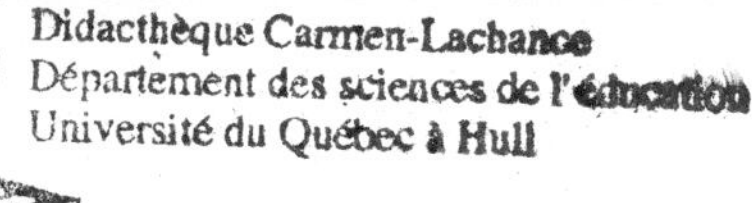

Réponse : Félix, Trois-Rivières.

LE GROUPE DU NOM

Le nom commun et le nom propre

EXPLORE

À l'**embouchure** de la **rivière Saguenay**, on peut observer les **baleines**. Toute la **famille Hamel** se rendra à **Tadoussac** l'**été** prochain pour observer ces **mammifères** gigantesques.

DÉCOUVRE

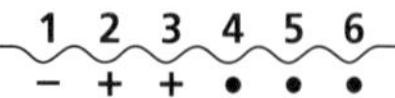

Le **nom commun** désigne des êtres, des choses ou des notions grâce à la signification qu'il possède.

Exemples : *embouchure, rivière, baleines, été, mammifères.*

Les **noms propres** sont faciles à reconnaître : ils commencent tous par une lettre **majuscule**.

Les **noms propres de personnes**

Exemples : *Alexandre, les Hamel*

4 5 6
− + •

Les **noms de peuples**

Exemples : *Les Canadiens et les Français**

Les **noms propres de lieux**

Exemples : *Tadoussac, Montréal*

* **Attention !** Les noms d'habitants ou de peuples prennent la marque du pluriel lorsqu'on les emploie au pluriel.

EXPÉRIMENTE

Le **nom d'une rue** doit-il prendre une lettre majuscule ?

Réponse : Oui, parce que c'est un nom propre. Il donne un nom particulier à une rue.

Le nom
Son rôle

EXPLORE

Le **rocher** Percé est un **bloc** de calcaire long de 440 m.
Le **rocher** a dû sortir de la **mer** il y a environ trois millions d'années.

Mais les **vents**, les **vagues** et le **gel** le rongent chaque jour.

Les **scientifiques** prévoient sa **disparition** dans environ 20 000 ans.

DÉCOUVRE

1 2 3 4 5 6
– – + + • •

Le **nom** impose le **genre** et le **nombre** des mots de son groupe.

Exemple : *le**s** roche**s** calcaire**s***

roches :	nom	féminin	pluriel
les :	déterminant	féminin	pluriel
calcaires :	adjectif	féminin	pluriel

3 4 5 6
\+ + + •

Le **nom sujet** impose l'**accord du verbe**. Ainsi, si le nom est pluriel, le verbe sera à la 3e personne du pluriel.

Exemple : *Le**s** scientifique**s** prévoi**ent** sa disparition.*

EXPÉRIMENTE

Dans la section « Explore », repère les **sujets** du verbe *rongent*. Pourquoi ce verbe est-il à la 3e personne du pluriel ?

Réponse : Parce que ses sujets : *vents*, *vagues* et *gel*, imposent son accord.

Le nom individuel et le nom collectif

Définition et accord

EXPLORE

Noms individuels	Noms collectifs
Une **vache** suit ma mère.	Un **troupeau** suit ma mère.
Ce gros **loup** hurle.	La **meute** hurle.
Ce **timbre** est magnifique.	Cette **collection** est magnifique.

DÉCOUVRE

enrichissement

Un **nom individuel** désigne un **être** ou une **chose**.

Exemple : *ce loup*

Un **nom collectif** désigne **plusieurs êtres** ou **plusieurs choses** d'un même ensemble.

Exemple : *la meute*

Si le **nom collectif** est le **sujet** de la phrase, le **verbe s'accorde** en nombre avec ce nom.

Exemples : *Une **troupe** donn**e** un spectacle.*

Sujet : singulier ⇨ verbe : singulier

*Les **équipes** se mett**ent** au travail.*

Sujet : pluriel ⇨ verbe : pluriel

EXPÉRIMENTE

Trouve d'autres **noms collectifs**.

Réponse : votre groupe, ma collection, une foule, etc.

EXPLORE

Le 5 janvier 1993, un **gros** pétrolier s'est échoué aux îles Shetland.

Cet **immense** bateau transportait du pétrole **brut** à destination de Saint-Romuald, près de la ville de Québec.

Véritable marée **noire**, tout le pétrole s'est répandu dans la mer. Beaucoup d'animaux, **englués**, **asphyxiés**, ont été retrouvés morts sur le rivage.

Il s'agit d' une catastrophe **écologique** **majeure** !

DÉCOUVRE

1 2 3 4 5 6
− − + + • •

L'**adjectif** est un mot qui se rapporte à un **nom** ou à un **pronom**. Il indique **comment** sont les êtres ou les choses désignés par le nom.

Exemple : ***Comment*** *est le bateau ?*
Le bateau est ***immense****.*
Immense est un **adjectif** qui indique **comment** est le bateau.

EXPÉRIMENTE

Dans la section « Explore », repère les deux **adjectifs** synonymes de *énorme*.
Si tu hésites, consulte la page 8.

Réponse : *gros, immense.*

L'adjectif
Accord

EXPLORE

Les pluies **acides** détruisent la vie dans les **magnifiques** lacs du Québec. De **petits** et de **gros** poissons souffrent dans ces lacs. Les **belles** plantes **aquatiques** dépérissent aussi.

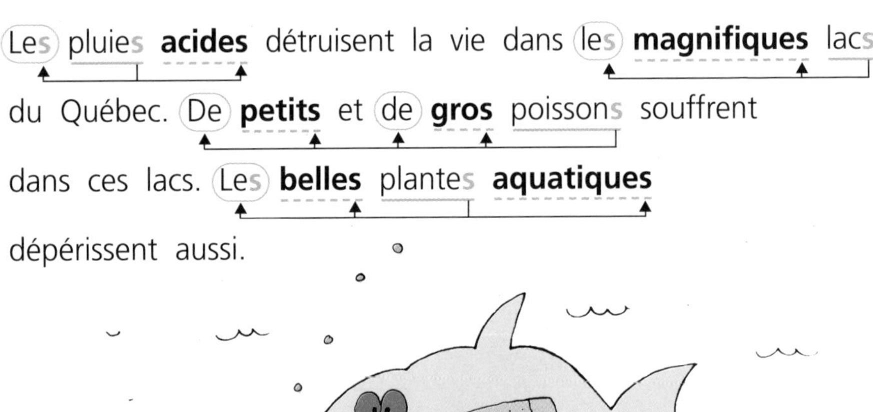

DÉCOUVRE

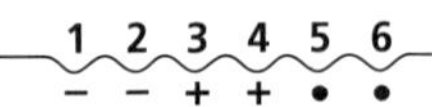

L'**adjectif** s'accorde en **genre** (féminin, masculin) et en **nombre** (singulier, pluriel) avec le nom, les noms ou le pronom qu'il qualifie.

Exemples : *Les* ***belles*** *plante**s*** ***aquatiques*** *dépérissent.*

plantes :	nom	féminin	pluriel
belles :	adjectif	féminin	pluriel
aquatiques :	adjectif	féminin	pluriel

EXPÉRIMENTE

Quelle question dois-tu te poser pour trouver les **adjectifs** dans la phrase suivante ?
« De petits et de gros poissons souffrent dans ces lacs. »

Réponse : Comment sont les poissons ? Petits et gros.

L'adjectif
Accord avec plusieurs noms

EXPLORE

Les élèves de l'école Jacques-Rocheleau organisent une grande corvée printanière.

Papiers, journaux et cartons **multicolores** seront ramassés partout dans la cour de l'école et dans un parc du voisinage.

Les élèves, les professeurs et les parents **enthousiastes** participent à cette activité écologique !

DÉCOUVRE

1 2 3 4 5 6
– – + + • •

L'**adjectif** peut qualifier **plusieurs noms**. L'adjectif s'accorde en **genre** et en **nombre** avec les noms qu'il accompagne. L'adjectif prendra la marque du pluriel s'il qualifie plusieurs noms.

Il prendra le genre masculin si l'un des noms auquel il se rapporte est masculin.

(masc. plur.) (fém. sing.) (masc. sing.)

Exemples : ***Fiers*** *et* ***souriants****, Isabelle et Charles ont ramassé des papiers.*

EXPÉRIMENTE

Dans l'exemple de la section « Découvre », pourquoi les **adjectifs** *fiers* et *souriants* sont-ils masculins pluriels ?

Réponse : Ils sont pluriels parce qu'ils qualifient deux noms : *Isabelle* et *Charles*. Ils sont masculins parce qu'un des deux noms est masculin.

Le genre

EXPLORE

Masculin	**Féminin**
un ascenseur vitré	une agrafe chatoyante
un automne pluvieux	une atmosphère chaleureuse
un délicieux cantaloup	une mystérieuse énigme
un exemple convaincant	une météorite scintillante
un horoscope chinois	une vieille moustiquaire
un pétoncle frais	une orthographe désastreuse
un autobus vert	une apostrophe fautive
un avion blanc	une autoroute détruite
un escalier neuf	une écharde douloureuse
un hôpital accueillant	une montgolfière impressionnante
un orchestre entraînant	une octave mélodieuse
un beau pétale	une grande primeur

DÉCOUVRE

1 2 3 4 5 6
\+ + + • • •

En français, il y a **deux genres** : le **masculin** et le **féminin**.

Il y a des noms qui sont toujours masculins.

Il y a des noms qui sont toujours féminins.

EXPÉRIMENTE

1. Observe les exemples de la section « Explore ». Qu'est-ce que tu peux ajouter au **nom** pour t'aider à trouver **son genre** ?
2. Que peux-tu faire en cas de doute ?

Réponses : 1. Ajouter un déterminant et un adjectif. 2. Consulter un dictionnaire.

Le nom et l'adjectif
Formation du féminin
Règle générale

EXPLORE

Masculin	**Féminin**
un cousin gourmand	une cousine gourmande
un enseignant amical	une enseignante amicale
mon lapin noir	ma lapine noire
cet étudiant encourageant	cette étudiante encourageante
un ami québécois	une amie québécoise

DÉCOUVRE

2	3	4	5	6
−	+	+	•	•

En règle générale, on forme le **féminin** des noms et des adjectifs en ajoutant un **e**.

Exemples : *Un lapin surpris fuit devant un ours brun.*
*Un**e** lapin**e** surpris**e** fuit devant un**e** ours**e** brun**e**.*

EXPÉRIMENTE

Si un **adjectif** qualifie un **nom féminin**, quel sera le genre de cet **adjectif** ?

Réponse : Féminin.

Le nom et l'adjectif

Formation du féminin

er ⇨ ère

EXPLORE

Masculin	**Féminin**
un policier gaucher	une policière gauchère
un écolier droitier	une écolière droitière
ce fermier hospitalier	cette fermière hospitalière
le cher banquier	la chère banquière

DÉCOUVRE

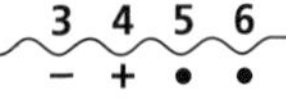

Pour former le **féminin** des noms et des adjectifs terminés par **er**, on remplace **er** par **ère**.

er ⇨ ère

Exemples : *Ch**er** écoli**er**, tu es préposé à l'entretien du parc !*
*Je suis fi**er** de ton travail saisonni**er**.*

*Ch**ère** écoli**ère**, tu es préposée à l'entretien du parc !*
*Je suis fi**ère** de ton occupation saisonni**ère**.*

EXPÉRIMENTE

1. Dans la phrase ci-dessous, repère le **nom**. De quel genre est-il ?
   « Cette zoologiste est-elle droitière ou gauchère ? »
2. Si tu remplaces « cette zoologiste » par « ce biologiste », comment écrirais-tu les **adjectifs** ?

Réponses : 1. *Zoologiste* est un nom féminin. 2. Les adjectifs s'écrivent : *droitier* et *gaucher*.

Le nom et l'adjectif

Formation du féminin
eur ⇨ euse ; eur ⇨ eure

EXPLORE

Masculin	Féminin
un nageur songeur	une nageuse songeuse
ce patineur rêveur	cette patineuse rêveuse
le programmeur bricoleur	la programmeuse bricoleuse
le meilleur professeur	la meilleure professeure

DÉCOUVRE

enrichissement

Pour former le **féminin** de certains noms et de certains adjectifs terminés en **eur**, on remplace **eur** par **euse**.

eur ⇨ euse

Les autres noms et adjectifs en **eur** suivent la règle générale : on ajoute **e**.

eur ⇨ eure

Exceptions : *un empere**ur*** ⇨ *une imp**ératrice***
*un ambassad**eur*** ⇨ *une ambassad**rice***
*le demand**eur*** ⇨ *la demand**eresse***
*un veng**eur*** ⇨ *une veng**eresse***

EXPÉRIMENTE

Sur une feuille, mets la phrase suivante au **féminin**.
« Ce patineur moqueur est devenu le meilleur programmeur. »

Réponse : Cette patineuse moqueuse est devenue la meilleure programmeuse.

Le nom et l'adjectif

Formation du féminin

en ⇨ enne ; on ⇨ onne

el ⇨ elle ; eil ⇨ eille

EXPLORE

Masculin	**Féminin**
ce grand magicien	cette grande magicienne
un espion habile	une espionne habile
un criminel connu	une criminelle connue
un ancien copain	une ancienne copine
ton bon ami	ta bonne amie
ce bel homme	cette belle femme
un vieil hibou	une vieille chouette

DÉCOUVRE

3 4 5 6
− + • •

Pour former le **féminin** des noms et des adjectifs terminés par **en**, **on**, **el**, **eil**, on **double la consonne finale** et on ajoute **e**.

en ⇨ enne **el ⇨ elle**

on ⇨ onne **eil ⇨ eille**

EXPÉRIMENTE

Ajoute les **adjectifs** *actuel* et *naturel* aux **noms** soulignés dans la phrase suivante :
« Christian a trouvé une solution aux problèmes que pose ce phénomène. »
Il y a deux possibilités. Les as-tu trouvées ?

Réponses : Christian a trouvé une solution naturelle aux problèmes que pose ce phénomène actuel.
Christian a trouvé une solution actuelle aux problèmes que pose ce phénomène naturel.

Le nom et l'adjectif

Formation du féminin
et ⇨ ette ; et ⇨ ète

EXPLORE

Masculin	**Féminin**
le cadet	la cadette
mon frère cadet	ma sœur cadette
un coquet	une coquette
ce garçon coquet	cette fille coquette
un indiscret	une indiscrète
mon cousin indiscret	ma cousine indiscrète
un secret	*pas de forme féminine*
ton code secret	ta mission secrète

DÉCOUVRE

Pour former le **féminin** des noms et des adjectifs terminés par **et** :

- on remplace **et** par **ette** ;

et ⇨ ette

Exemples : *Mon frère cad**et** dessine un jardin coqu**et**.*
*Ma sœur cad**ette** dessine une maison coqu**ette**.*

- on remplace **et** par **ète**.

et ⇨ ète

Exemple : *Mon chat indiscr**et** veut connaître tous nos secrets.*
*Ma chatte indiscr**ète** veut connaître tous nos secrets.*

EXPÉRIMENTE

Observe les exemples de la section « Explore ». Quel **nom** n'a pas de **féminin** ?

Réponse : secret.

LE GROUPE DU NOM

Le nom et l'adjectif

Formation du féminin

ot ⇨ ote ; ot ⇨ otte

EXPLORE

Masculin	**Féminin**
un idiot	une idiote
un message idiot	une lettre idiote
un dévot	une dévote
un garçon dévot	une fille dévote
un sot	une sotte
ce geste sot	cette attitude sotte
Charlot	Charlotte

DÉCOUVRE

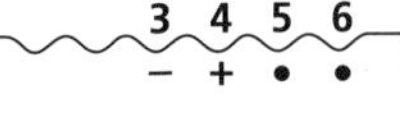

Pour former le **féminin** des noms et des adjectifs terminés par **ot** :

- on remplace **ot** par **ote** ;

ot ⇨ ote

Exemples : *Ce dév**ot** a reçu un message idi**ot**.*
*Cette dév**ote** a reçu une lettre idi**ote**.*

- on remplace **ot** par **otte**.

ot ⇨ otte

Exemples : *Le chien de Charl**ot** n'est pas s**ot**.*
*L'attitude de Charl**otte** n'est pas s**otte**.*

EXPÉRIMENTE

Dans les exemples de la section « Explore », quel est le **nom** qui ne peut pas être un **adjectif** ?

Réponse : *Charlot, Charlotte.*

Le nom et l'adjectif
Formation du féminin
eau ⇨ elle

EXPLORE

Masculin	**Féminin**
ce beau chameau	cette belle chamelle
un agneau jumeau	une agnelle jumelle
mon nouveau projet	ma nouvelle activité

DÉCOUVRE

enrichissement

Pour former le **féminin** des noms et des adjectifs terminés par **eau**, on remplace **eau** par **elle**.

eau ⇨ elle

EXPÉRIMENTE

Dans les exemples de la section « Explore », repère les **adjectifs féminins**.

Réponse : belle, nouvelle, jumelle.

Le nom et l'adjectif

Formation du féminin
teur ⇨ trice

EXPLORE

Masculin	**Féminin**
un grand lecteur	une grande lectrice
un bon spectateur	une bonne spectatrice
un aviateur adroit	une aviatrice adroite
un geste consolateur	une parole consolatrice
un casque protecteur	une veste protectrice
un récit révélateur	une histoire révélatrice

DÉCOUVRE

3 4 5 6
− + • •

Pour former le **féminin** des noms et des adjectifs terminés par **teur**, on remplace **teur** par **trice**.

teur ⇨ trice

Exemples : *Un ac**teur** protec**teur** de l'environnement.*
*Une ac**trice** protec**trice** de l'environnement.*

Exception : *un chan**teur** ⇨ une chan**teuse***

EXPÉRIMENTE

Je connais une fille qui adore lire. Que peux-tu dire de cette fille ? Explore !

Réponse : Cette fille est une grande lectrice.

Le nom et l'adjectif
Formation du féminin
f ⇨ ve

EXPLORE

Masculin	**Féminin**
ce veuf	cette veuve
un sportif	une sportive
mon chandail neuf	ma chemise neuve
le bref récit	la brève histoire
un regard vif	une couleur vive

DÉCOUVRE

3 4 5 6
– + • •

Pour former le **féminin** des noms et des adjectifs terminés par **f**, on remplace **f** par **ve**.

f ⇨ ve

Exemples : *Ce bâtiment neu**f** reçoit de grands sporti**fs**.*
*Cette école neu**ve** reçoit de grandes sporti**ves**.*

EXPÉRIMENTE

Mets la phrase suivante au **féminin**.
« Ce veuf est très actif. »

Réponse : Cette veuve est très active.

Le nom et l'adjectif

Formation du féminin

x ⇨ se

EXPLORE

Masculin	Féminin
un amoureux rigolo	une amoureuse rigolote
un avaricieux méfiant	une avaricieuse méfiante
un grand audacieux	une grande audacieuse
un mouton frileux	une brebis frileuse
un chemin sinueux	une route sinueuse
un lion peureux	une lionne peureuse

DÉCOUVRE

enrichissement

Pour former le **féminin** des noms et des adjectifs terminés par **x**, on remplace **x** par **se**.

x ⇨ se

Exceptions : *un vieu**x** ⇨ une vie**ille***
*un rou**x** ⇨ une rou**sse***

EXPÉRIMENTE

Mets la phrase suivante au **féminin**.
« Le tigre audacieux s'engage sur un chemin tortueux. »

Réponse : La tigresse audacieuse s'engage sur une route tortueuse.

Le nom et l'adjectif

Formation du féminin
Une seule forme

EXPLORE

Masculin	Féminin
le cycliste agile	la cycliste agile
un élève habile	une élève habile
un adulte agréable	une adulte agréable
un enfant serviable	une enfant serviable
un camarade honnête	une camarade honnête
un artiste fidèle	une artiste fidèle

DÉCOUVRE

enrichissement

Certains noms et certains adjectifs gardent **la même forme** au **masculin** et au **féminin**.

Souvent, le **déterminant** t'indique si le nom est **masculin** ou **féminin**.

EXPÉRIMENTE

Dans la section « Explore », observe la finale des **adjectifs**. Que remarques-tu ?

Réponse : Tous les adjectifs se terminent par un e.

Le nom
Formation du féminin
e ⇨ esse

EXPLORE

Masculin	**Féminin**
le tigre	la tigresse
un hôte	une hôtesse
le maire	la mairesse
un prince	une princesse
ce pauvre	cette pauvresse
ce traître	cette traîtresse

DÉCOUVRE

enrichissement

Pour former le **féminin** de certains noms terminés par **e** on remplace **e** par **esse**.

e ⇨ esse

Aucun adjectif ne suit cette règle.

EXPÉRIMENTE

D'après ce qui est écrit dans cette page, existe-t-il des **adjectifs** qui forment leur **féminin** en remplaçant **e** par **esse** ?

Réponse : Non, aucun adjectif ne forme son féminin de cette façon.

Le nom
Formation du féminin
Cas particuliers

EXPLORE

Masculin	Féminin
le papa	la maman
mon frère	ma sœur
son fils	sa fille
mon oncle	ma tante
ton parrain	ta marraine
son neveu	sa nièce
un garçon	une fille
cet homme	cette femme
ce monsieur	cette dame

DÉCOUVRE

enrichissement

Certaines notions se rapportant à des **personnes** s'expriment par **deux noms différents** : l'un pour le **masculin** et l'autre pour le **féminin**. C'est le cas de tous les exemples de la section « Explore ».

Note qu'on ne peut pas mettre de déterminant devant *madame*.

Exemple : ***Ce monsieur*** *produit du compost.*
Cette dame *produit du compost.*

EXPÉRIMENTE

Quel **nom féminin** n'accepte pas de déterminant?

Réponse : madame.

Le nom
Formation du féminin
Noms d'animaux : cas particuliers

EXPLORE

Masculin	**Féminin**
un bélier	une brebis
un bouc	une chèvre
un cerf	une biche
un coq	une poule
un étalon	une jument
un jars	une oie
un lièvre	une hase
un matou	une chatte
un sanglier	une laie
un singe	une guenon
un taureau	une vache

DÉCOUVRE

enrichissement

Chez **certains animaux**, on emploie **un nom différent** lorsqu'on veut parler de la **femelle** ou du **mâle**. C'est le cas de tous les exemples de la section « Explore ».

EXPÉRIMENTE

Si tu hésites sur la formation du **féminin** d'un **nom**, que peux-tu faire ?

Réponse : Consulter un dictionnaire ou une grammaire.

Le nom
Formation du féminin
Noms d'animaux ne désignant que l'espèce

EXPLORE

Masculin	**Féminin**
une libellule **mâle**	une libellule **femelle**
un condor **mâle**	un condor **femelle**
un écureuil **mâle**	un écureuil **femelle**
un crocodile **mâle**	un crocodile **femelle**
un pingouin **mâle**	un pingouin **femelle**
une baleine **mâle**	une baleine **femelle**
une girafe **mâle**	une girafe **femelle**
un poisson **mâle**	un poisson **femelle**
une tortue **mâle**	une tortue **femelle**

DÉCOUVRE

enrichissement

Certains noms d'animaux ne désignent que l'espèce.
Il est donc important d'ajouter après ces noms d'animaux le mot **mâle** ou **femelle**, si l'on veut faire la distinction.

Exemples : *Une chauve-souris* ***mâle*** *ou* ***femelle*** *?*
Un couguar ***mâle*** *ou* ***femelle*** *?*

EXPÉRIMENTE

Si tu veux spécifier le sexe d'un couguar, que dois-tu ajouter après son **nom** ?

Réponse : Je dois ajouter le mot *mâle* ou *femelle*.

LE GROUPE DU NOM

L'adjectif

Formation du féminin
Des exceptions...

EXPLORE

Masculin	Féminin
ce chat blanc	cette chatte blanche
un garçon franc	une fille franche
ce raisin sec	cette figue sèche
ce rêve fou	cette folle décision
un toutou mou	une poupée molle
un regard doux	une douce pensée
mon fils roux	ma fille rousse
un faux problème	une fausse idée
mon livre favori	ma revue favorite
ton long manteau	ta longue veste
son chien malin	sa chienne maligne
un vieux ski	une vieille raquette

DÉCOUVRE

enrichissement

Certains **adjectifs** ne suivent **aucune règle de formation** du **féminin**. C'est le cas de tous les adjectifs mentionnés dans la section « Explore » et de beaucoup d'autres.

EXPÉRIMENTE

Que peux-tu faire pour vérifier le **féminin** d'un **adjectif** ?

Réponse : Consulter une grammaire ou un dictionnaire.

EXPLORE

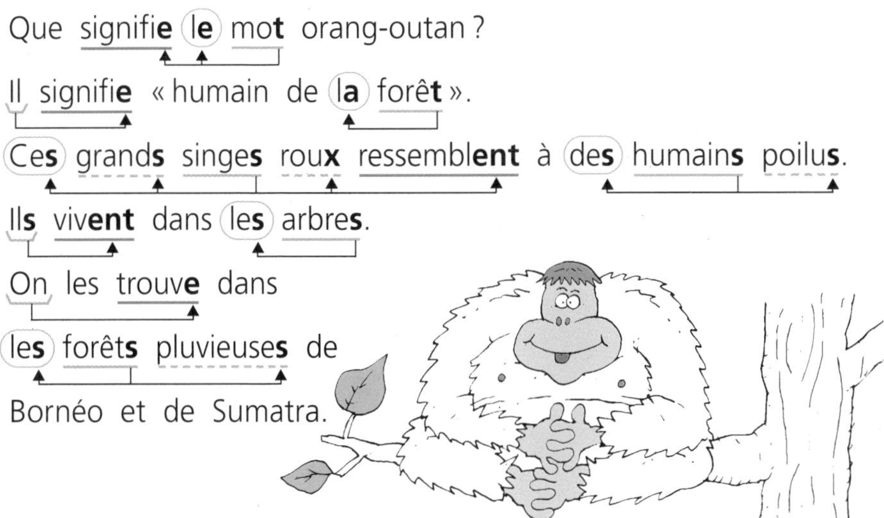

Que signifie le mot orang-outan ?

Il signifie « humain de la forêt ».

Ces grands singes roux ressemblent à des humains poilus.

Ils vivent dans les arbres.

On les trouve dans les forêts pluvieuses de Bornéo et de Sumatra.

DÉCOUVRE

1 2 3 4 5 6
\+ + + • • •

Le **nombre** indique une quantité : un ou plusieurs, **singulier** ou **pluriel**.

Il concerne le **groupe du nom** et le **groupe du verbe**.

Exemples : *C**e** gran**d** **singe** ressembl**e** à **un** humai**n**.* (sing.)
*Ce**s** grand**s** **singes** ressembl**ent** à **des** humain**s**.* (plur.)

Le **nom** *singe* transmet son nombre à *ce*, *grand* et *ressemble*.

Pour en savoir plus, explore les pages 58, 66, 74 et 76.

EXPÉRIMENTE

Dans la section « Explore », deux **noms** sont utilisés une fois au **singulier** et une fois au **pluriel**. Découvre-les !

Réponse : forêt, forêts et humain, humains.

Le nom et l'adjectif

Formation du pluriel
Règle générale

EXPLORE

Singulier	**Pluriel**
ce carton rigide	ces cartons rigides
mon papier bleu	mes papiers bleus
un habitat naturel	des habitats naturels
la serre chaude	les serres chaudes
le mammifère marin	les mammifères marins

DÉCOUVRE

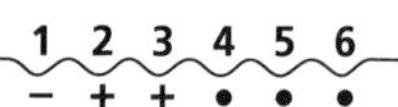

En règle générale, on forme le **pluriel** des noms et des adjectifs en ajoutant un s.

L'**adjectif** s'accorde avec le **nom**, le **pronom**, les **noms** ou les **pronoms** qu'il qualifie. Si le nom est au pluriel, l'adjectif le sera aussi.

EXPÉRIMENTE

1. Repère les **adjectifs** dans la phrase ci-dessous.
   « Ces écureuils, véritables acrobates, ont un sens naturel du spectacle. »
2. Compare ces adjectifs avec les mots qu'ils accompagnent.
   Que remarques-tu ?

Réponses : 1. véritables, naturel
2. Ils ont le même nombre que les mots qu'ils accompagnent.

Le nom et l'adjectif

Formation du pluriel
ou ⇨ ous ; ou ⇨ oux

EXPLORE

Singulier	Pluriel
un kangourou	des kangourous
le caribou	les caribous
mon clou	mes clous
son matou	ses matous
un filou	des filous
leur toutou mou	leurs toutous mous
ton minou fou	tes minous fous

DÉCOUVRE

1 2 3 4 5 6
− + + • • •

Pour former le **pluriel** des noms et des adjectifs terminés par **ou**, on ajoute **s**.

ou ⇨ ous

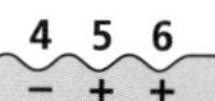

4 5 6
− + +

Exceptions :

Les noms suivants prennent un **x** au pluriel :
*bij**oux**, caill**oux**, ch**oux**, gen**oux**, hib**oux**, jouj**oux**, p**oux***

ou ⇨ oux

EXPÉRIMENTE

Mets la phrase suivante au **pluriel**.
« J'ai un joujou très mou que mon matou, un peu fou, a pris pour un bijou. »

Réponse : Nous avons des joujoux très mous que nos matous, un peu fous, ont pris pour des bijoux.

Le nom et l'adjectif

Formation du pluriel

al ⇨ aux ; al ⇨ als

EXPLORE

Singulier	Pluriel
mon examen médical	mes examens médicaux
notre journal environnemental	nos journaux environnementaux
ce bocal original	ces bocaux originaux
un végétal oriental	des végétaux orientaux
un film banal	des films banals
un joyeux festival	de joyeux festivals

DÉCOUVRE

3 4 5 6
− + • •

Pour former le **pluriel** de la plupart des noms et des adjectifs terminés par **al**, on remplace **al** par **aux**.

al ⇨ aux

Quelques noms et adjectifs en **al** suivent la règle générale : on ajoute **s**.

al ⇨ als

EXPÉRIMENTE

En cas de doute, quel outil peux-tu consulter ?

Réponse : un dictionnaire ou une grammaire.

Le nom et l'adjectif
Formation du pluriel
eu ⇨ eux ; au ⇨ aux ; eau ⇨ eaux

EXPLORE

Singulier	Pluriel
mon beau gâteau	mes beaux gâteaux
un joyau brillant	des joyaux brillants
un frère jumeau	des frères jumeaux
notre chien esquimau	nos chiens esquimaux
son nouveau jeu	ses nouveaux jeux
ce vœu sincère	ces vœux sincères

DÉCOUVRE

4 5 6
− + +

Pour former le **pluriel** des noms et des adjectifs terminés par **eu**, **au**, **eau**, on ajoute **x**.

eu ⇨ eux
au ⇨ aux
eau ⇨ eaux

Quelques noms et adjectifs suivent la règle générale : on ajoute **s** au pluriel.

Exemples : *un land**au** bl**eu*** — *des land**aus** bl**eus***
*le sarr**au*** — *les sarr**aus***
*ce pn**eu*** — *ces pn**eus***

EXPÉRIMENTE

Sur une feuille, mets la phrase suivante au **pluriel**.
« Ce chien esquimau tire un nouveau traîneau bleu. »

Réponse : Ces chiens esquimaux tirent de nouveaux traîneaux bleus.

Le nom et l'adjectif

Formation du pluriel

Une seule forme : s, x, z

EXPLORE

Singulier	Pluriel
un joyeux violonneux	de joyeux violonneux
un gros raz de marée	de gros raz de marée
le prix fabuleux	les prix fabuleux
l'ours gris	les ours gris
un jus délicieux	des jus délicieux
un faux nez	six faux nez

DÉCOUVRE

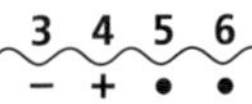

Les **noms** terminés par **s**, **x** ou **z** au singulier **ne changent pas** de forme au pluriel.

s ⇨ s
x ⇨ x
z ⇨ z

Les **adjectifs** terminés par **s** ou **x** au singulier **ne changent pas** de forme au pluriel.

s ⇨ s
x ⇨ x

Dans ce cas, c'est le **déterminant** qui indique si le nom et l'adjectif sont au **pluriel**.

Exemple : ***ce*** *gro**s** our**s*** *(singulier)*
ces *gro**s** our**s*** *(pluriel)*

EXPÉRIMENTE

Quelles sont les lettres finales des **adjectifs** qui ne changent pas de forme au **pluriel** ?

Réponse : *s* et *x*.

Le nom
Formation du pluriel
ail ⇨ aux ; ail ⇨ ails
Adjectifs : aucun

EXPLORE

Singulier	**Pluriel**
un bail	des baux
mon travail	mes travaux
ce corail	ces coraux
mon chandail	mes chandails
le détail	les détails
ton épouvantail	tes épouvantails

DÉCOUVRE

3 4 5 6
− + • •

Pour former le **pluriel** de plusieurs noms terminés par **ail**, on remplace **ail** par **aux**

ail ⇨ aux

Les autres noms en **ail** suivent la règle générale : on ajoute **s**.

ail ⇨ ails

EXPÉRIMENTE

Mets la phrase suivante au **pluriel**.
« Qui a mis mon chandail à cet épouvantail ? »

Réponse : Qui a mis mes chandails à ces épouvantails ?

LE GROUPE DU NOM

Le nom

Formation du pluriel
Cas spéciaux

EXPLORE

Singulier	Pluriel
un avant-midi	des avant-midi
mon bonhomme de neige	mes bonshommes de neige
ce compte-gouttes	ces compte-gouttes
ma grand-mère	mes grands-mères
le hot-dog	les hot-dogs
un lave-vaisselle	deux lave-vaisselle
bonjour madame	bonjour mesdames
mademoiselle Émilie	mesdemoiselles Carmen et Stéphanie
au revoir monsieur	au revoir messieurs
un œil	des yeux
ton yo-yo	tes yo-yo

DÉCOUVRE

enrichissement

Certains **noms** ont un **pluriel très particulier**. Dans la section « Explore », tu peux en observer quelques exemples.

N'oublie pas que le dictionnaire est un outil précieux que tu peux consulter pour vérifier, entre autres, le pluriel des mots.

EXPÉRIMENTE

Mets les mots soulignés au **pluriel**.
« J'ai rêvé que mon bonhomme de neige mangeait un hot-dog. »

Réponse : J'ai rêvé que mes bonshommes de neige mangeaient des hot-dogs.

Le déterminant
Définition

EXPLORE

Couché **au** pied d'**un** arbre, **ce** garçon observe **les** étoiles. Il entend **le** chant de **quelques** oiseaux de nuit. **Son** chien dort paisiblement à **ses** côtés.

DÉCOUVRE

3 4 5 6
\+ + • •

Le **déterminant** est un mot qui accompagne un ou plusieurs **noms**. Il nous donne de précieux indices sur le genre et le nombre du nom qu'il accompagne.
Il existe plusieurs sortes de déterminants.

- Les **déterminants possessifs** indiquent à qui appartient une chose ou un être.

  Exemples : ***mon*** *ami* ***son*** *chien* ***vos*** *résultats*
  ta *tante* ***nos*** *papiers* ***ses*** *côtés*

- Les **déterminants démonstratifs** indiquent ce qu'on veut montrer.

  Exemples : ***ce*** *garçon* ***cet*** *arc-en-ciel*
  ces *poubelles* ***cette*** *rivière*

- Il y a d'**autres déterminants**.

  Exemples : ***le*** *chant* ***un*** *arbre* ***quelques*** *oiseaux*
  les *étoiles* ***au*** *pied*

EXPÉRIMENTE

Dans la section « Explore », repère les **déterminants** qui indiquent **à qui appartient une chose ou un être**.

Réponse : *son, ses*.

LE GROUPE DU NOM

Le déterminant
Accord

EXPLORE

Les ailes de **la** chauve-souris sont vraiment étonnantes ! Elles sont faites d' **une** membrane. **Ces** ailes lui permettent de voler et d'attirer **les** insectes en brassant l'air. **Le** cinquième doigt, en forme **de** crochet, sert à **l'** animal pour grimper. Vraiment, **cet** animal est étonnant !

DÉCOUVRE

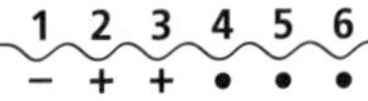

Le **déterminant** s'accorde en genre et en nombre avec le **nom** qu'il accompagne.

Exemples : (fém. sing.) ***cette*** *membrane* (masc. plur.) ***les*** *insectes*

5 6
− +

***Attention !** Certains déterminants se prononcent de la même façon, peu importe le genre et le nombre.

Leur *crochet*	***Leurs*** *crochets*
Gâteau ***au*** *fromage*	*Gâteau* ***aux*** *carottes*
Tout *le monde*	***Tous*** *les enfants*
Toute *la classe*	***Toutes*** *les classes*
Cet *oiseau*	***Cette*** *chauve-souris*
Quel *cheval !*	***Quels*** *chevaux !*
Quelle *bête ?*	***Quelles*** *bêtes ?*

EXPÉRIMENTE

Trouve dans la section « Explore » les **déterminants pluriels**.

Réponse : les, ces, les.

Le pronom

Définition

EXPLORE

Mon chandail est fait de fibres à base de pétrole, **le sien** aussi. Ce sac de plastique est un produit dérivé du pétrole, **celui-là** aussi. De plus, **on** raffine le pétrole pour produire du carburant.

DÉCOUVRE

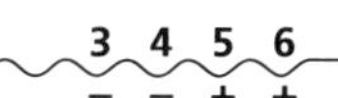

Le **pronom** est un mot de substitution qui **remplace** un ou des **noms**. Il existe plusieurs sortes de **pronoms**.

- Les **pronoms personnels** remplacent souvent une personne.
  Exemples : ***je***, ***tu***, ***il***, ***nous***, ***vous***, ***elles***, ***moi***, ***leur***, ***on***, *etc.*
- Les **pronoms possessifs** remplacent le nom en indiquant le possesseur.
  Exemples : *ma chatte :* ***la mienne*** *leurs sacs :* ***les leurs***
- Les **pronoms démonstratifs** remplacent le nom de ce qu'on veut montrer.
  Exemples : *ce poisson :* ***celui-ci*** *ou* ***celui-là***
  ces fleurs : ***celles-ci*** *ou* ***celles-là***
- Les **pronoms relatifs** relient deux phrases.
  Exemple : *L'essence est un dérivé du pétrole.*
  La combustion du pétrole pollue.
  *La combustion de l'****essence****,* ***qui*** *est un dérivé du pétrole, pollue.*
- Il y a d'**autres pronoms**
  Exemples : ***quel***, ***certains***, ***personne***, *etc.*

EXPÉRIMENTE

1. Parmi les **pronoms** de la section « Explore », trouve celui qui remplace ce qu'on montre. 2. Quel nom remplace-t-il ?

Réponses : 1. *Celui-là.* 2. *Sac de plastique.*

Le pronom
Accord

EXPLORE

Les piles sont des déchets dangereux pour l'environnement.

Elles ne doiv**ent** pas être jetées n'importe où.

Elles devrai**ent** être conservées dans un contenant hermétique jusqu'à ce qu'**on** puiss**e** **les** transférer dans un dépôt pour produits dangereux.

Lucie a acheté des piles **qui** **sont** rechargeables.

Les tiennes **sont-elles** rechargeables ?

DÉCOUVRE

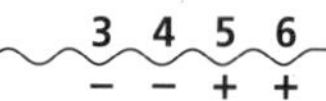

Le **pronom** représente un nom. Il s'accorde en **genre** et en **nombre** avec le **nom** qu'il remplace.

Généralement, pour trouver ce nom, tu poses la question **qui ?** ou **qu'est-ce qui ?** devant le verbe. Ta réponse doit être un nom ou un groupe du nom.

Exemple : ***Elles*** *ne doivent pas être jetées n'importe où.*
Qu'est-ce qui ne doit pas être jeté n'importe où ?
Les *piles*. Donc, *Elles* remplace *piles* ;
jetées est donc féminin pluriel.

EXPÉRIMENTE

Repère les différents **pronoms** employés dans le texte de la section « Explore ». La plupart de ces **pronoms** remplacent un même **nom**.

1. Quel est ce nom ?
2. Quels sont le genre et le nombre de ce nom ?

Réponses : 1. *piles*. 2. Féminin pluriel.

L'attribut

Définition

EXPLORE

La jacinthe d'eau est une **plante** aquatique.
Elle est une **menace** pour les rivières et les lacs.
Elle se reproduit très rapidement et elle est **toxique** pour les poissons.
Néanmoins, bien qu'elle demeure **dangereuse**, elle peut être **utile**.
En effet, elle peut absorber des polluants et des métaux toxiques.
Si sa croissance est contrôlée, elle sera une **alliée** naturelle.

DÉCOUVRE

4 5 6
− + •

L'**attribut** est un mot ou un groupe de mots qui précise le **sujet** à l'aide de verbes comme :

être, sembler, devenir, rester, paraître, avoir l'air, demeurer

L'**attribut** est généralement :

- un **adjectif** ;

Exemple : *Elle est **toxique**.*

- un **nom** ;

Exemple : *Elle sera une **alliée**.*

- un **pronom**.

Exemple : *Ces jacinthes sont **les tiennes**.*

EXPÉRIMENTE

D'après toi, quel est le verbe qui unit le plus souvent l'**attribut** au sujet ?

Réponse : être.

L'attribut
Accord

EXPLORE

Raphaël est **curieux**. Il demande à sa mère :

« Est-ce que les porcs-épics sont **dangereux** ?

Leurs piquants sont-ils des **flèches** qu'ils peuvent lancer ? »

Sa mère est **renversée** !

« Tes poils et tes cheveux sont-ils des **projectiles** ?

Comme toi, le porc-épic est **inoffensif**. »

DÉCOUVRE

4 5 6
– + •

Lorsque l'**attribut** est un adjectif, il s'accorde en **genre** et en **nombre** avec le ou les mots (noms ou pronoms) qui sont **sujets**

Exemple : *Sa mère est **renversée** !*

Sujet : *mère*, nom, féminin singulier.
Attribut : ***renversée***, adjectif, féminin singulier.

EXPÉRIMENTE

Dans la phrase suivante, pourquoi l'**attribut** est-il au masculin pluriel ?
« Ces porcs-épics sont inoffensifs... si je ne les flatte pas ! »

Réponse : Parce que *inoffensifs* s'accorde avec un nom masculin pluriel, *porcs-épics*.

Le participe passé employé sans auxiliaire

Définition et accord (règle générale)

EXPLORE

Notre poirier est rempli de poires **mûries**.

En novembre, le pommier donne des pommes **adoucies**.

Le cerisier nous offre des cerises **rougies**.

Aimes-tu ces fruits **récoltés** hier ?

DÉCOUVRE

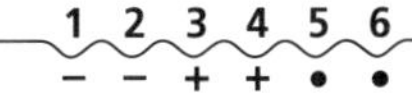

Le participe passé s'apparente au verbe et à l'adjectif. Quand le **participe passé** est employé **sans auxiliaire** il s'accorde comme un **adjectif**

Le **participe passé employé sans auxiliaire** s'accorde en genre (fém. ou masc.) et en nombre (sing. ou plur.) avec le ou les mots (nom ou pronom) qu'il qualifie.

Exemple : *Ces bananes viennent de bananiers* ***plantés*** *il y a deux ans.*

Qu'est-ce qui est planté ? Des bananiers.
bananiers : nom commun, masculin pluriel.
plantés : participe passé, masculin pluriel.

EXPÉRIMENTE

Dans la phrase suivante, quelle question peux-tu te poser pour trouver le **nom** que *mûries* qualifie ?
« Notre poirier est rempli de poires mûries au soleil. »

Réponse : Qu'est-ce qui est mûri ? Les poires.

Le participe passé sans auxiliaire

Accord avec plusieurs noms
ou un nom collectif

EXPLORE

Une chocolaterie, c'est un commerce **voué** au succès !

Grâce au cacao, on peut y fabriquer

des chocolats des plus **convoités**.

Les parents, les enfants et les amies **fascinés**

viennent tous y admirer les délices **exposés**.

Une boîte de chocolats tout **enrubannée**,

quelle belle surprise pour toute l'assemblée !

DÉCOUVRE

1 2 3 4 5 6
− − + + • •

Le **participe passé employé sans auxiliaire** s'accorde comme un adjectif avec le ou les noms, ou avec le ou les pronoms qu'il **qualifie**.

Exemple : *Les parents, les enfants et les amies,* ***fascinés****, ...*

Qui est fasciné ? Les parents, les enfants et les amies.

Donc, *fascinés* s'accorde avec *parents*, *enfants* et *amies* : masculin pluriel.

Pour mieux comprendre cette règle d'accord, consulte la page 39.

EXPÉRIMENTE

Dans la phrase suivante, avec quel mot le **participe** *enrubannée* s'accorde-t-il ?
« Une boîte de chocolats tout enrubannée... »

Réponse : Avec *boîte* ; la boîte est enrubannée, pas les chocolats.

Le verbe
Définition

EXPLORE

Avant de **jeter** un jouet, un livre ou un magazine, **essaie** de le **réparer** ou de le **rafraîchir**. Il **pourra** peut-être encore **servir** ! **Offre**-le à un ami, **vends**-le à une camarade ou **donne**-le à un organisme de charité. Ainsi, tu **feras** la joie d'un autre enfant tout en **contribuant** à **protéger** l'environnement !

DÉCOUVRE

3 4 5 6
\+ + • •

Le **verbe** exprime généralement une **action** ou un **état**. C'est le mot de la phrase que tu peux **conjuguer**.

Tu peux le conjuguer à toutes les personnes (1re, 2e, 3e) du singulier et du pluriel.

Tu peux le conjuguer à tous les temps du présent, du passé, du futur.

Exemple : *Rafraîchir (infinitif) :*

Nous rafraîchissons	*(présent)*
Vous avez rafraîchi	*(passé)*
Ils rafraîchiront	*(futur)*

EXPÉRIMENTE

1. Dans la section « Explore », quels sont les **verbes** qui ne sont pas conjugués ?
2. Comment les appelle-t-on ?

Réponses : 1. Jeter, réparer, rafraîchir, servir, protéger. 2. Verbes à l'infinitif.

Le verbe
Les personnes

EXPLORE

J'**ai observé** un faucon pèlerin dans son milieu.

Cet oiseau **séjourne** au Québec environ huit mois par année !

Et toi, est-ce que tu **as** déjà **aperçu** un faucon pèlerin ?

Dans notre classe, nous **étudions** les différentes espèces menacées du Québec.

Dans votre classe, **faites**-vous ce genre de recherches ?

DÉCOUVRE

3 4 5 6
\+ \+ • •

Le **verbe** varie en **nombre** (singulier, pluriel) et en **personne** (1re, 2e, 3e).

	Singulier	Pluriel
Première personne	je	nous
Deuxième personne	tu	vous
Troisième personne	il, elle, on	ils, elles

EXPÉRIMENTE

1. Dans la phrase suivante, repère le **verbe** et le **sujet**.
   « Le faucon pèlerin séjourne au Québec. »
2. À quelle personne le verbe est-il conjugué ?

Réponses : 1. Le verbe : *séjourne* ; le sujet : *faucon pèlerin*.
2. À la 3e personne du singulier.

Le verbe

Le nombre : le singulier et le pluriel

EXPLORE

Un**e** grand**e** vill**e** **compte** souvent de hauts édifices.

Pour les animaux, ce**s** gigantesque**s** mur**s** **ressemblent** à des falaises. De nos jours, **le** goélan**d** **est** habitué à vivre dans les villes. Le**s** toit**s** des édifices **remplacent** les falaises et c'**est** là que **le** goélan**d** **fait** son nid.

DÉCOUVRE

3 4 5 6
\+ + • •

Le **verbe** conjugué s'accorde avec le **sujet**.

Si le sujet est singulier, le verbe sera au singulier.

Exemple : *Le goéland* ***fait*** *son nid.*

Si le sujet est pluriel, le verbe sera au pluriel.

Exemple : *Ce**s** gigantesque**s** mur**s*** ***ressemblent*** *à des falaises.*

EXPÉRIMENTE

Dans la phrase suivante, repère le **sujet** et mets-le au singulier. Qu'arrive-t-il au **verbe** ?
« Les goélands nichent sur le toit des immeubles. »

Réponse : *Le goéland niche.* Le verbe est au singulier, comme son sujet.

LE GROUPE DU VERBE

L'accord du verbe

Avec le nom sujet

EXPLORE

Le lou**p** est l'ennemi du caribou.

Les caribou**s** **hivern**ent à l'abri, dans les forêts du Nord.

Le caribou **et** le renne **se nourriss**ent de lichens.

DÉCOUVRE

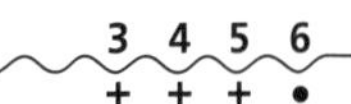

Lorsque le **nom sujet** est au **singulier**, le **verbe** est à la **3e personne du singulier**.

Exemple : Qui est l'ennemi du caribou ? Le loup.
loup : sujet (sing.) de *est* (verbe, 3e pers. du sing.).

Lorsque le **nom sujet** est au **pluriel**, le **verbe** est à la **3e personne du pluriel**.

Exemple : Qui hiverne à l'abri dans les forêts ? Les caribous.
caribous : sujet (plur.) de *hivernent* (verbe, 3e pers. du plur.).

Lorsque **plusieurs noms** reliés par **et** sont sujets, le **verbe** est à la **3e personne du pluriel**.

Exemple : Qui se nourrit de lichens ? Le caribou et le renne.
caribou et *renne* : sujets (plur.) de *nourrissent* (verbe, 3e pers. du plur.).

EXPÉRIMENTE

Dans la dernière phrase de la section « Explore », pourquoi le **verbe** *nourrir* est-il à la **3e personne du pluriel** ?

Réponse : Parce qu'il a deux noms sujets : *caribou* et *renne*. Je peux remplacer ces noms par *ils* : 3e personne du pluriel.

L'accord du verbe

Avec un nom collectif

EXPLORE

Dans la ville de Raminou, des chats font la guerre aux rats.

Cette band**e** **est** aux aguets toutes les nuits.

Certains rongeurs ont peur.

Des famille**s** de rats inquiètes **quittent** les lieux.

Toutefois, la majorit**é** **décide** de rester.

C'est pourquoi plusieurs cortège**s** de chats **rôdent** la nuit dans la ville de Raminou.

Miaou...

DÉCOUVRE

3 4 5 6
\+ + + •

Un **nom collectif** est un nom qui désigne **plusieurs choses** ou **plusieurs êtres**, même s'il est au **singulier**. Quand le sujet est un nom collectif singulier qui n'est pas suivi d'un complément, le **verbe** se conjugue à la **3e personne du singulier**.

Exemple : *La majorit**é** décid**e** de rester.*

Qui décide de rester ? La majorité.
majorité : sujet (sing.) de *décide* (verbe, 3e personne du singulier).

EXPÉRIMENTE

1. Dans la phrase suivante, repère le **nom collectif**.
   « Ce comité contrôle la prolifération des rats dans la ville. »
2. Quel est son rôle dans la phrase ?

Réponses : 1. *comité*. 2. Sujet de *contrôle*, 3e personne du singulier.

L'accord du verbe

Avec le pronom sujet

EXPLORE

Les oiseaux n'ont pas de nez. Ils **respirent** par deux trous dans leur bec. Ceux-ci **se trouvent** sur le dessus ou les côtés du bec. Il n'y **a** que le kiwi qui **a** ses narines au bout du bec. Même sans nez, il **se trouve** souvent nez à nez avec un ver de terre.

DÉCOUVRE

3 4 5 6
\+ + + •

Le **verbe** s'accorde en **nombre** (singulier ou pluriel) et en **personne** (1re, 2e ou 3e) avec le **sujet**.

Le **sujet** peut être **un pronom**.

Pour trouver le sujet, pose la question *qui ?* ou *qu'est-ce qui ?* devant le verbe.

Exemple : *Ils respirent par deux trous dans leur bec.*

Qui respire ? *Ils*.
Ils est sujet du verbe *respirent*.
Ils : pronom, 3e personne du pluriel.
respirent : verbe, 3e personne du pluriel.

EXPÉRIMENTE

Dans la section « Explore », relève les **pronoms sujets** qui sont au **pluriel**.

Réponse : Ils, Ceux-ci.

L'accord du verbe
Avec le pronom **on**

LE GROUPE DU VERBE

EXPLORE

Chaque été, mes parents et moi allons au parc de la Mauricie.

On **aime** observer le huart à collier.

On **sait** maintenant que cet oiseau court sur l'eau sur une longue distance pour prendre son envol.

De plus, on **remarque** que cet oiseau est un habile plongeur.

DÉCOUVRE

3	4	5	6
+	+	+	•

On est un **pronom**. Il est de la **3e personne du singulier** même quand il représente plusieurs personnes.
Le **verbe** utilisé avec le pronom **on** se conjugue donc à la **3e personne du singulier**

Pour trouver le sujet, on pose la question **qui ?** ou **qu'est-ce qui ?** devant le verbe.

Exemple : ***On*** *aim**e** observer le huart.*

Qui aime observer le huart ? *On*.
On est sujet du verbe *aime*.

EXPÉRIMENTE

Dans la phrase suivante, à quelle personne le **verbe** *sait* est-il conjugué ?
« On sait maintenant qu'en général, les huarts sont muets l'hiver. »

Réponse : À la 3e personne du singulier, parce qu'il est conjugué avec *on*.

LE GROUPE DU VERBE

L'accord du verbe

Avec le pronom **qui**

EXPLORE

Le géomètre du bouleau n'est pas un mathématicien !

Il s'agit d'un papillo**n** de nuit **qui** **s'est adapté** aux changements dus à la pollution.

Cet insect**e**, **qui** **avait** des couleurs vives, est gris maintenant.

Il était trop visible sur les arbre**s** **qui** **sont recouverts** de suie.

Alors, ce papillon s'est assombri.

DÉCOUVRE

3 4 5 6
\+ + + •

Qui est un **pronom**. Il peut remplacer le nom, le groupe du nom ou le pronom qui le précède (sauf lorsqu'il sert à poser une question comme *Qui est là ?*).

Qui est du **même genre** (féminin ou masculin) et du **même nombre** (singulier ou pluriel) que le nom ou le pronom qu'il remplace. Le **verbe** utilisé avec le pronom **qui** prendra donc le **nombre du nom** remplacé par **qui**.

Exemple : *Cet insecte, qui avait des couleurs vives...*

Qui remplace le nom *insecte*, masculin singulier. *Qui* est sujet de *avait*, c'est-à-dire le verbe *avoir* conjugué à la 3e personne du singulier.

EXPÉRIMENTE

1. Dans la phrase suivante, repère le **sujet** du verbe *situer*. « L'Insectarium, qui est situé à Montréal, présente une magnifique collection de papillons. »
2. Quel nom remplace-t-il ?

Réponses : 1. *qui.* 2. *insectarium.*

L'accord du verbe
Avec un sujet inversé

EXPLORE

Y **av**ait-il des arbres à l'époque des dinosaures ?

Il y a 370 millions d'années, **pouss**aient le**s** premier**s** arbre**s** de la terre. Ils ressemblaient à des fougères géantes.

Avec les dinosaures, **appar**urent d'autre**s** arbre**s** semblables à ceux que nous connaissons aujourd'hui.

Il y a 200 millions d'années, **suiv**irent le**s** premier**s** mammifère**s**.

DÉCOUVRE

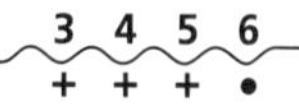

Le sujet n'est pas toujours placé devant le verbe ! Il arrive que le **sujet** soit placé **après le verbe**.

Le **verbe** s'accorde en **nombre** (singulier ou pluriel) et en **personne** (1re, 2e ou 3e) avec le sujet.

Exemple : *Il y a 370 millions d'années,* ***poussaient*** *les premiers* ***arbres****.*

Qu'est-ce qui poussait ? Les premiers arbres.
arbres : sujet du verbe *poussaient*, 3e pers. du plur.

EXPÉRIMENTE

Dans la phrase suivante, comment peux-tu trouver le **sujet** du verbe ?
« Seules subsistent quelques traces de la forêt primitive. »

Réponse : En posant la question : « Qu'est-ce qui subsiste ? »
Quelques traces ; *traces* : sujet de *subsistent*.

L'accord du verbe

L'écran

EXPLORE

Le**s** pigeon**s** **[**, trop nombreux, **]** ne **devraient** pas être nourris par les humains.

Ils peuvent nous transmettre une maladie : la psittacose.

De plus, le pigeon **[**, avec son bec, **]** **picore** le mortier des murs de briques.

Le faucon pèlerin **[**, prédateur des pigeons, **]** ne **vit** pas souvent dans les villes. Le pigeon n'est donc plus chassé !

DÉCOUVRE

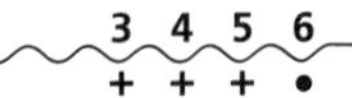

Le **verbe** peut être **séparé du sujet** par un mot ou plusieurs mots. C'est ce qu'on appelle un **écran**. Pour trouver le sujet du verbe, pose la question *qui ?* ou *qu'est-ce qui ?* devant ce verbe.

Exemple : *Le**s** faucon**s*** **[**, *prédateurs des pigeons,* **]** *fréquent**ent*** *peu les villes.*

Qu'est-ce qui fréquente peu les villes ? Les faucons.
faucons : sujet du verbe *fréquentent*,
3e personne du pluriel.

EXPÉRIMENTE

Repère le **sujet** et le **verbe** dans la phrase suivante.
« Le mortier des briques, rempli de minéraux, nourrit le pigeon. »

Réponse : Sujet : *mortier*, nom singulier ;
verbe : *nourrit*, 3e personne du singulier.

L'accord du verbe

Le pronom écran

EXPLORE

Le**s** chauve**s**-souris [nous] **débarrassent** des insectes.

Elle**s** [vous] **semblent** menaçantes ? N'ayez crainte !

Vos cheveux ? Elle**s** ne [s'y] **collent** pas !

Votre sang ? Elle**s** ne [le] **boivent** pas.

Les chauves-souris sont presque toutes inoffensives.

D'ailleurs, elle**s** [nous] **ressemblent** : comme nous, elles allaitent leurs petits.

DÉCOUVRE

3 4 5 6
\+ + + •

Le **verbe** peut être **séparé du sujet** par un **pronom**. Ce pronom est un **écran**.

Pour trouver le sujet du verbe, pose la question *qui ?* ou *qu'est-ce qui ?* devant ce verbe.

Exemple : *Le**s** chauve**s**-souris* [*nous*] *débarrass**ent** des insectes.*

Qu'est-ce qui nous débarrasse des insectes ? Les chauves-souris.

chauves-souris : sujet du verbe *débarrassent*, 3e personne du pluriel

nous : pronom écran

EXPÉRIMENTE

Dans la phrase suivante, trouve le **sujet** et l'**écran**.

« Malgré tout, les chauves-souris nous font peur. »

Réponse : Sujet : *chauves-souris* ;
écran : *nous*.

LE GROUPE DU VERBE

L'accord du verbe

Les mots en apposition (écran)

EXPLORE

L**e** saumo**n** **[**, poisson migrateur, **]** **voyage** entre rivière et mer.

La femelle pond ses œufs dans un cours d'eau rapide.

Le**s** œuf**s** **[**, ou frai, **]** **sont** **recouverts** de sable pour leur protection.

L**e** jeun**e** saumo**n** **[**, nommé alevin, **]** **porte** sa nourriture dans un sac suspendu sous son ventre, ce qui lui donne l'allure d'un têtard.

DÉCOUVRE

3 4 5 6
\+ + + •

Le **verbe** peut être **séparé de son sujet** par un mot ou un groupe de **mots en apposition**.

Les **mots en apposition précisent** le nom ou les noms qu'ils accompagnent.

Exemple : *L**e** jeun**e** saumo**n** **[**, nommé alevin, **]** port**e** sa nourriture dans un sac suspendu sous son ventre.*

EXPÉRIMENTE

1. Dans la phrase suivante, repère le **sujet** du verbe *nourrir*.
   « Le petit saumon, maintenant appelé saumoneau, se nourrit dans la rivière pendant deux ou trois ans. »
2. Repère aussi les **mots en apposition**.

Réponses : 1. Sujet : *saumon*. 2. Les mots en apposition : *maintenant appelé saumoneau*.

L'accord du verbe

La proposition écran

EXPLORE

Un jeun**e** lyn**x** **[** qui n'a que trois mois **]** **dépend** de sa mère pour se nourrir.

C**e** mêm**e** lyn**x** **[**, quand il aura presque un an, **]** **pourra** trouver sa nourriture tout seul.

En attendant, il suit sa mère et apprend comment chasser.

DÉCOUVRE

3 4 5 6
\+ \+ \+ •

Le **verbe** peut être **séparé de son sujet** par une **proposition**.

Exemple : *Un jeune lynx qui n'a que trois mois dépen**d** de sa mère pour se nourrir.*

Qu'est-ce qui dépend de sa mère pour se nourrir ?
Un jeune lynx. *Lynx* est sujet de *dépend*.
Entre les deux, il y a une **proposition** : *qui n'a que trois mois*.

Pour en savoir plus sur les **propositions**, consulte la page 32.

EXPÉRIMENTE

1. Dans la phrase suivante, quel est le **sujet** de *pourra* ?
   « Ce même lynx, quand il aura presque un an, pourra trouver sa nourriture tout seul. »
2. Quelle **proposition** y a-t-il entre *pourra* et son **sujet** ?

Réponses : 1. *lynx*. 2. *quand il aura presque un an*.

Le complément du verbe
Définition

EXPLORE

Le désert est vivant. Il est peuplé de nombreux animaux.
On y trouve **le chameau, la vipère à cornes, le scorpion, le fennec et bien d'autres espèces**.
Certaines fleurs y poussent.
Des peuples traversent **le désert**.
Certains sont nomades, comme les Touaregs.
D'autres sont sédentaires.

DÉCOUVRE

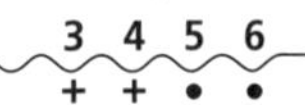

Un **complément** est un mot ou un groupe de mots qui complète un autre mot ou un autre groupe de mots.

Le **complément du verbe** fait partie du **groupe du verbe**. Comme son nom l'indique, il **complète le verbe**.

Il existe deux sortes de compléments du verbe :

- le complément direct :
  Exemple : *On y trouve* ***le chameau****.*
- le complément indirect :
  Exemple : *Certaines plantes du désert se servent* ***de leurs longues racines*** *pour puiser l'eau.*

EXPÉRIMENTE

Dans la phrase suivante, quel est le **complément du verbe** ?
« On trouve des scorpions dans le désert. »

Réponse : *des scorpions.*

Le complément du verbe
Le complément direct

EXPLORE

Le fennec ressemble à un renard de poche. Il ne pèse qu'un kilo. Il chasse **les rongeurs, les oiseaux, les lézards et les insectes**. Ses grands yeux, ses gigantesques oreilles lui donnent **un air très doux**. Ne t'y fie pas ! Il défend **sa nourriture** agressivement.

DÉCOUVRE

Le **complément direct** complète le verbe. Il indique la chose, la personne ou l'animal **qui subit l'action du verbe**.

Le **complément direct** peut être un nom, un groupe du nom, un pronom, un verbe à l'infinitif ou une proposition.

Pour trouver le complément direct, on pose la question ***qui ?*** ou ***quoi ?*** après le verbe.

Exemple : *Il chasse les lézards.* Il chasse quoi ? Les lézards.

Le **complément direct** se place souvent **après le verbe**. En général, **il s'y rattache directement** : aucun mot de relation ne le sépare du verbe.

Exemple : *Il défend **sa nourriture**.*

Le **complément direct** peut être un **pronom** : *le*, *la*, *les*, *l'*, *me*, *m'*, *te*, *t'*, *se*, *s'*, *nous*, *vous*.
Il se place alors **avant le verbe**.

Exemple : *Il **les** chasse.*

EXPÉRIMENTE

Trouve les deux **compléments directs** des phrases suivantes.
« Le fennec chasse les rongeurs. Il les mange avec appétit. »

Réponse : *les rongeurs*, *les*.

LE GROUPE DU VERBE

Le complément du verbe

Le complément indirect

EXPLORE

Les calaos sont des oiseaux qui vivent dans les forêts tropicales.

Ils nichent dans des trous d'arbres.

La femelle se sert **de boue** pour fermer l'orifice du trou afin de protéger ses œufs contre les prédateurs.

Une fente étroite permet **au mâle** de nourrir la femelle.

DÉCOUVRE

5 6

\+ +

Le **complément indirect** complète le verbe. Il indique en général la personne ou la chose **vers laquelle se dirige l'action**.

Le **complément indirect** peut être un nom, un groupe du nom, un pronom, un verbe à l'infinitif ou une proposition.

Pour trouver le complément indirect, on pose la question ***à qui ? à quoi ? de qui ? de quoi ?* après le verbe**.

Exemple : *La femelle se sert de boue.*
Elle se sert de quoi ? De boue.

Le **complément indirect** se place le plus souvent **après le verbe** et s'y rattache par le moyen d'un **mot de relation**.

Exemple : *Une fente étroite permet* ***au mâle*** *de nourrir...*

EXPÉRIMENTE

Dans la phrase suivante, trouve le **complément indirect**.
« L'énorme bec du calao ressemble à un genre de casque. »

Réponse : L'énorme bec du calao ressemble à quoi ?
À un genre de casque (complément indirect).

Le complément du verbe
Le complément circonstanciel

EXPLORE

Les hippocampes mâles portent les œufs, que la femelle dépose **dans une poche située sur leur abdomen**.
Les œufs éclosent **quatre ou cinq semaines plus tard**.
Les petits hippocampes quittent alors la poche du père.

DÉCOUVRE

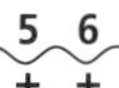

Le **complément circonstanciel** précise la phrase.
Il indique les **circonstances de l'action**.

Le **complément circonstanciel** peut être un nom, un groupe du nom, un pronom, un verbe à l'infinitif, un adverbe ou une proposition.

Pour trouver le complément circonstanciel, on pose la question *...où ? ...quand ? ...comment ? ...pourquoi ?* **après le verbe**.

Les **compléments circonstanciels** peuvent indiquer :

- *où* se passe l'action (compl. circ. de lieu) ;
  Exemple : *Les hippocampes vivent* ***dans la mer****.*
- *quand* ou *combien de temps* dure l'action (compl. circ. de temps) ;
  Exemple : *Les œufs éclosent* ***quatre semaines plus tard****.*
- *comment* se déroule l'action (compl. circ. de manière) ;
  Exemple : *L'hippocampe nage* ***en position verticale****.*
- *pourquoi* se déroule l'action (compl. circ. de cause).
  Exemple : *Il s'enfuit* ***à cause de moi****.*

EXPÉRIMENTE

Dans la phrase suivante, trouve le **complément circonstanciel**.
« La femelle dépose ses œufs dans une poche. »

Réponse : dans une poche.

Les trois groupes de verbes

EXPLORE

Les abeilles **fabriquent** le miel.

Elles **se servent** de leur bouche comme d'une paille pour **boire** le nectar des fleurs.

En hiver, les abeilles **se nourrissent** du miel **produit** pendant l'été.

DÉCOUVRE

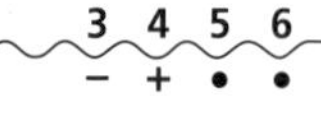

Il y a **trois groupes** de verbes. Chacun de ces groupes représente une des trois catégories de conjugaison auxquelles un verbe peut appartenir.

1er groupe : verbes en **er**, au présent de l'infinitif (sauf *aller*, qui est du 3e groupe).

Exemple : *Nous **dégustons** le miel.* (Verbe *déguster*.)

2e groupe : verbes en **ir**, au présent de l'infinitif, qui se terminent par **issent** à la 3e personne du pluriel du présent de l'indicatif.

Exemple : *Les abeilles **se nourrissent**.* (Verbe *se nourrir*.)

3e groupe : tous les autres verbes.

Exemple : *Elles **se servent** de leur bouche.* (Verbe *se servir*.)

EXPÉRIMENTE

Pourquoi le verbe *se servir* **n'est-il pas du 2e groupe** comme le verbe *se nourrir* ?

Réponse : Parce que le verbe *se servir* ne se termine pas par *issent* à la 3e personne du pluriel du présent de l'indicatif.

EXPLORE

Auparavant, on **dénombrait** environ 5000 bélugas dans le Saint-Laurent.
Aujourd'hui, on en **compte** à peine 500.
Lucas ne **croyait** pas que la pollution **aurait** tant d'effet sur cette espèce !
« Combien en **restera**-t-il dans quelques années ? », **pense**-t-il, perplexe...

DÉCOUVRE

4 5 6
− + •

Le **temps du verbe** indique si le verbe conjugué est au **présent**, au **passé** ou au **futur**.

Exemples : *Aujourd'hui, on en compt**e** à peine 500.* ⇨ Présent

*Auparavant, on compt**ait** 5000 bélugas.* ⇨ Passé

*Dans quelques années, combien en compt**erons**-nous ?* ⇨ Futur

EXPÉRIMENTE

Consulte le tableau de conjugaison de la page 129.
Quels **temps** indiquent le passé ?

Réponse : Le passé composé, l'imparfait, le passé simple, le plus-que-parfait.

Le temps des verbes

Les temps simples
et les temps composés

EXPLORE

Les caribous de la Gaspésie **ont connu** une baisse importante de leur population.
Autrefois, on **chassait** beaucoup cet animal pour se nourrir.
Aujourd'hui, la chasse au caribou **est contrôlée** au Québec.

DÉCOUVRE

4 5 6
− + •

Le **verbe** peut être conjugué aux **temps simples**.

Exemples : *On* ***chassait*** *le caribou.* *On* ***chasse*** *le caribou.*
On ***chassera*** *le caribou.* *En* ***chassant*** *le caribou.*

Le **verbe** peut être conjugué aux **temps composés**.

Exemples : *Ils* ***ont connu*** *une baisse de leur population.*
Ils ***avaient connu*** *une baisse de leur population.*
Ils ***auront connu*** *une baisse de leur population.*
Les caribous ***étaient connus*** *dans tout le pays.*
Les caribous ***seront connus*** *dans tout le pays.*

Attention ! Les **temps composés** sont formés au moyen de l'**auxiliaire *avoir*** ou ***être*** (voir les pages 94 et 95) et du **participe passé**.

EXPÉRIMENTE

Dans la phrase suivante, repère le **verbe**.
« L'être humain a chassé le caribou. »
Le **verbe** est-il conjugué à un **temps simple** ou **composé** ?

Réponse : Le verbe *chasser* est conjugué à un temps composé.
Il est accompagné de l'auxiliaire *avoir*.

Le temps des verbes
Les verbes auxiliaires

EXPLORE

En 1991, le ministère de l'Environnement **a** publié un plan d'action appelé « Saint-Laurent ». Le Ministère **s'est** engagé à réduire de 90 % les déchets toxiques rejetés par 50 industries polluantes.

Le gouvernement **a** pris des mesures pour protéger des espèces menacées.

Seront-elles sauvées ?

DÉCOUVRE

4 5 6
– – +

Il y a **deux verbes auxiliaires** : ***avoir*** et ***être***.

Pour conjuguer un verbe à un temps composé, on utilise un **auxiliaire** (*avoir* ou *être*) et un **participe passé**.

Exemple : *Le Ministère* ***a*** *publié un plan d'action.*

Pour en savoir plus sur le participe passé, explore les pages 71, 72, 109 et 110.

EXPÉRIMENTE

Dans la section « Explore », repère les verbes conjugués avec l'**auxiliaire *avoir***. À quel temps sont-ils conjugués ?

Réponse : *A publié, a pris.* Au passé composé.

Le temps des verbes

L'auxiliaire *avoir*

EXPLORE

J'**ai** déjà vu une anguille dans le fleuve Saint-Laurent. Elle **a** fait un voyage jusque dans la mer des Sargasses. Là-bas, elle **a** pondu ses œufs. Puis, elle **a** trouvé la mort. Mais les jeunes anguilles **ont** fait le trajet en sens inverse et **ont** remonté le Saint-Laurent.

DÉCOUVRE

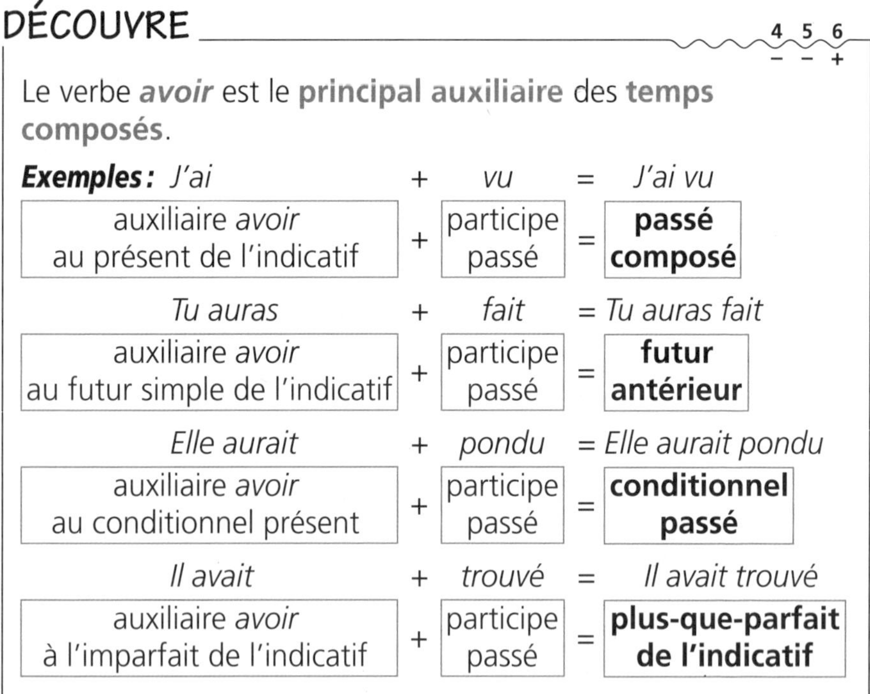

4 5 6
– – +

Le verbe ***avoir*** est le **principal auxiliaire** des **temps composés**.

Exemples : *J'ai* + *vu* = *J'ai vu*

auxiliaire *avoir* au présent de l'indicatif	+	participe passé	=	**passé composé**
Tu auras	+	*fait*	=	*Tu auras fait*
auxiliaire *avoir* au futur simple de l'indicatif	+	participe passé	=	**futur antérieur**
Elle aurait	+	*pondu*	=	*Elle aurait pondu*
auxiliaire *avoir* au conditionnel présent	+	participe passé	=	**conditionnel passé**
Il avait	+	*trouvé*	=	*Il avait trouvé*
auxiliaire *avoir* à l'imparfait de l'indicatif	+	participe passé	=	**plus-que-parfait de l'indicatif**

EXPÉRIMENTE

Dans les exemples de la section « Explore », repère les **verbes** conjugués à un **temps composé**. À quel temps sont-ils conjugués ?

Réponse : au passé composé.

Le temps des verbes
L'auxiliaire *être*

EXPLORE

Notre ami le castor **est** allé chez la dentiste.
« Docteure, mes dents **sont** tombées !
Je **suis** monté sur un tronc d'arbre
et j'ai glissé.
Est-ce que mes dents
seront repoussées pour
la Nouvelle Année ? »

DÉCOUVRE

4 5 6
− − +

Le verbe ***être*** est un **auxiliaire** des **temps composés**.

Exemples : *Il est*	+	*allé*	=	*Il est allé*
auxiliaire *être* au présent de l'indicatif	+	participe passé	=	**passé composé**
Elles seront	+	*vues*	=	*Elles seront vues*
auxiliaire *être* au futur simple de l'indicatif	+	participe passé	=	**futur antérieur**
Je serais	+	*monté*	=	*Je serais monté*
auxiliaire *être* au conditionnel présent	+	participe passé	=	**conditionnel passé**

EXPÉRIMENTE

Dans les phrases de la section « Explore », trouve les **temps composés** utilisés.

Réponse : le passé composé et le futur antérieur.

LE GROUPE DU VERBE

Le temps des verbes

Les verbes auxiliaires : Cas particuliers

EXPLORE

Je **suis** tombée dans un trou.
Tu **seras** entrée au musée.
Il **sera** parti avant moi.

Nous **sommes** revenus hier.
Vous **êtes** restés des amis.
Elles **étaient** arrivées ensemble.

Je **suis** descendu au salon.
Elle **est** montée se coucher.
Ils **seront** sortis danser.
Nous **serons** rentrés à 8 h.

J'**ai** descendu le lit.
Elle **a** monté son armoire.
Ils **auront** sorti les disques.
Tu **auras** rentré le chat.

DÉCOUVRE

Certains **verbes** s'emploient **uniquement** avec l'**auxiliaire *être***.

Exemple : *Ils* ***sont*** *partis en voyage.*

Certains **verbes** s'emploient avec l'**auxiliaire *être* ou l'auxiliaire *avoir***.

Exemple : *Elle* ***est*** *montée sur cette montagne.*
Elle ***a*** *monté sa tente en pleine nature.*

Pour connaître la règle d'accord avec l'auxiliaire **être**, consulte la page 109.

EXPÉRIMENTE

1. Dans la phrase suivante, remplace l'**auxiliaire *avoir*** par l'**auxiliaire *être***.
   « Jérémie a descendu tous les vieux journaux. »
2. Quels sont les mots que tu devras enlever pour que la phrase ait encore un sens ?

Réponses : 1. Jérémie est descendu. 2. *tous les vieux journaux.*

Le temps des verbes
Le présent de l'infinitif

EXPLORE

As-tu entendu **parler** du Club des 4-R ?
Réduire, **réutiliser**, **récupérer** et **recycler** : voilà des actions pour **t'initier** et **t'intégrer** au Club des 4-R.

DÉCOUVRE

4 5 6
− + •

Le **présent de l'infinitif** est la forme **non conjuguée** du verbe. C'est sous cette forme que les verbes sont écrits dans le dictionnaire.

Exemples : ***Réutiliser**, **embellir**, **vouloir**, **réduire***

Au **présent de l'infinitif**, les verbes ont les terminaisons suivantes : **er**, **ir**, **oir**, **re**.

5 6
− +

Quand deux verbes se suivent, le deuxième est toujours à l'infinitif.

Exemple : *As-tu **entendu parler** du Club des 4-R ?*

EXPÉRIMENTE

1. Est-il possible de trouver le **verbe *est*** dans le dictionnaire ?
2. Quel mot devras-tu alors chercher ?

Réponses : 1. Non. 2. Je dois chercher le verbe au présent de l'infinitif : *être*.

Le temps des verbes

Le présent de l'indicatif

EXPLORE

Comme son nom l'**indique**, le requin-tigre **porte** un costume **fait** de raies et de taches qui **s'effacent** avec l'âge. Il **repère** ses proies à l'aide de son odorat. Plusieurs rangées de dents **arment** la gueule du requin-tigre.

DÉCOUVRE

3 4 5 6
\+ + • •

Le **présent de l'indicatif** indique un temps **présent**.

Exemple : *Le requin-tigre* ***repère*** *ses proies.*

4 5 6
− + •

Terminaisons des verbes au présent de l'indicatif			
	1er groupe	2e groupe	3e groupe
je	e	s	s ou x
tu	es	s	s ou x
il, elle, on	e	t	t ou d
nous	ons	issons	ons
vous	ez	issez	ez
ils, elles	ent	issent	ent

Cas particuliers : *avoir*, *être*, *aller*, *dire*, *faire*.
Consulte les tableaux de conjugaison des pages 129, 130, 134, 135 et 137 pour connaître les finales de ces verbes.

EXPÉRIMENTE

Observe les finales au pluriel des verbes du **présent de l'indicatif**. Que remarques-tu ?

Réponse : Les finales des verbes du 2e groupe sont différentes.

Le temps des verbes
L'imparfait de l'indicatif

EXPLORE

Savais-tu que la tourte a disparu ?
Cet oiseau migrateur **abond**ait autrefois au Québec !
On **chass**ait tellement la tourte qu'elle n'existe plus.
En 1914, la dernière tourte mourut en captivité.

DÉCOUVRE

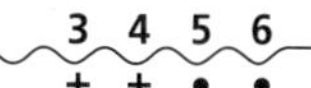

L'**imparfait de l'indicatif** est un des temps qui indiquent le **passé**.

Terminaisons des verbes à l'imparfait de l'indicatif		
	1er groupe **3e groupe**	**2e groupe**
je	ais	issais
tu	ais	issais
il, elle, on	ait	issait
nous	ions	issions
vous	iez	issiez
ils, elles	aient	issaient

EXPÉRIMENTE

Conjugue le verbe *finir* à l'**imparfait de l'indicatif** à la 1re personne du singulier. Si tu hésites, consulte le tableau de conjugaison à la page 132.

Réponse : je finissais.

Le temps des verbes

Le futur simple
et le futur proche

EXPLORE

À quoi **servira** le reboisement des forêts ?

Les feuilles des arbres **produiront** de l'oxygène.

Les racines **vont retenir** la bonne terre et **empêcheront** l'érosion.

Plusieurs animaux **pourront** y installer leur habitat.

DÉCOUVRE

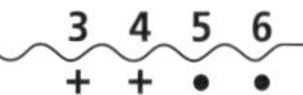

Le **futur simple** indique des actions ou des états qui auront lieu **plus tard**.

Terminaisons des verbes au futur simple 1er, 2e et 3e groupe			
je **tu** **il, elle, on**	rai ras ra	**nous** **vous** **ils, elles**	rons rez ront

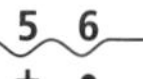

Le **futur proche** indique également des actions ou des états qui auront lieu **plus tard**. Il se compose de deux éléments :

- le verbe ***aller*** au **présent de l'indicatif** ;
- un verbe au **présent de l'infinitif**.

Exemple : *Les racines **vont retenir** la bonne terre.* (futur proche)
*Les racines **retiendront** la bonne terre.* (futur simple)

EXPÉRIMENTE

Dans la section « Explore », combien y a-t-il de verbes conjugués au **futur simple** ?

Réponse : Quatre verbes sont conjugués au futur simple.

Le temps des verbes
Le passé composé

EXPLORE

L'autre jour, mon Saint-Bernard **est arrivé** et tout le monde **s'est sauvé**. Il sentait la mouffette.
J'**ai mis** une pince à linge sur mon nez et je l'**ai attrapé**.
Pour enlever son odeur nauséabonde, je l'**ai baigné** dans du jus de tomate.
Il **s'est sauvé** et **s'est secoué**.
Ô catastrophe !
Les murs de la maison sont maintenant tout éclaboussés.

DÉCOUVRE

4 5 6
− + •

Le **passé composé** indique un fait **passé**.

Le **passé composé** est un temps composé de deux éléments :
- un **auxiliaire** : *avoir* ou *être*, au **présent** de l'indicatif ;
- un **participe passé**.

Exemple : *Je l'**ai baigné**.*

ai baigné : verbe *baigner* conjugué au passé composé.

EXPÉRIMENTE

1. Dans la phrase suivante, repère le **verbe**.
   « Une mouffette a aspergé mon gros chien. »
2. Quel est l'**auxiliaire** employé ?

Réponses : 1. Le verbe est *a aspergé*, conjugué au passé composé 2. L'auxiliaire *avoir*.

Le temps des verbes
Le plus-que-parfait de l'indicatif

EXPLORE

Il y a bien longtemps, les Amérindiens **avaient montré** aux Français comment entailler les érables. Cette coutume **était devenue** très populaire chez les colons. En effet, ils **avaient décidé** de fabriquer leur sucre à partir de cette eau d'érable.

DÉCOUVRE

5 6
\+ •

Le **plus-que-parfait de l'indicatif** est un des temps qui indiquent le **passé**.

Le **plus-que-parfait de l'indicatif** se compose de deux éléments :
- un **auxiliaire** : *avoir* ou *être*, à l'**imparfait** de l'indicatif ;
- un **participe passé**.

Exemple : *Ils* ***avaient décidé*** *de fabriquer leur sucre.*

EXPÉRIMENTE

Dans les phrases de la section « Explore », repère un verbe conjugué au **plus-que-parfait** avec l'auxiliaire *être*.

Réponse : *était devenue*.

Le temps des verbes
Le passé simple

EXPLORE

Il était une fois un pluvier siffleur qui se promenait sur une plage des Îles-de-la-Madeleine avec sa compagne et ses oisillons.
Tout à coup, un faucon **arriva** !
Le pluvier **perçut** le danger pour ses oisillons.
Il **feignit** d'avoir une aile cassée.
Le faucon, attiré par l'animal blessé, **attaqua** notre pluvier qui **s'envola**.
Pendant ce temps, la femelle sauvait ses rejetons.

DÉCOUVRE

Le **passé simple** indique un fait **achevé complètement** à un moment du **passé**. C'est un temps très employé quand on relate un récit ou un fait vécu.

Terminaisons des verbes au passé simple

	1er groupe	2e groupe	3e groupe
je	ai	is	is, us, ins
tu	as	is	is, us, ins
il, elle, on	a	it	it, ut, int
nous	âmes	îmes	îmes, ûmes, înmes
vous	âtes	îtes	îtes, ûtes, întes
ils, elles	èrent	irent	irent, urent, inrent

EXPÉRIMENTE

Repère les **verbes conjugués** dans le texte de la section « Explore ».
À quelle personne sont-ils conjugués ?

Réponse : À la 3e personne du singulier.

Le temps des verbes
Le futur antérieur

EXPLORE

Quand nous **aurons compris** que l'araignée est notre alliée, nous ne la craindrons plus.
Dès que nous **aurons pris** conscience de son efficacité, nous voudrons la protéger.
Moi, j'ai envie de l'embrasser !

DÉCOUVRE

Le **futur antérieur** indique un fait qui aura lieu **plus tard**.

Le **futur antérieur** est un temps composé de deux éléments :
- un **auxiliaire** : *avoir* ou *être* au **futur simple** ;
- un **participe passé**.

Exemple : *Quand nous* ***aurons compris*** *que l'araignée est notre alliée, nous ne la craindrons plus.*

EXPÉRIMENTE

Dans les phrases de la section « Explore », repère les verbes conjugués au **futur antérieur**.

Réponse : *aurons compris, aurons pris.*

Le temps des verbes
Le conditionnel présent

EXPLORE

Mon ami disait qu'il **amènerait** son chien à l'école.
Il a ajouté que son copain à quatre pattes **serait** bien sage...
Ainsi, nous **pourrions** observer, en classe, un animal exemplaire...
Le problème, c'est qu'il mange tous les papiers qu'il voit...
Croyez-vous qu'il **pourrait** aussi avaler... mon bulletin ?

DÉCOUVRE

Le **conditionnel présent** indique parfois un fait **futur** en relation avec le **passé**.

Exemple : *Mon ami disait qu'il* ***amènerait*** *son chien à l'école.*

En d'autres mots :
Hier*, mon ami disait :*
« J'amènerai mon chien ***plus tard****. »*

Terminaisons des verbes au conditionnel présent			
je **tu** **il, elle, on**	rais rais rait	**nous** **vous** **ils, elles**	rions riez raient

EXPÉRIMENTE

Dans la section « Explore », repère les verbes conjugués au conditionnel présent.

Réponse : amènerait, serait, pourrions, pourrait.

Le temps des verbes
Le conditionnel passé

EXPLORE

Comme le chante Robert Charlebois, « Si nous avions voyagé à l'envers de l'hiver », nous **aurions connu** des hivers plus doux.

Nous **aurions** peut-être **cultivé** des ananas, des oranges et des kiwis.

Aurions-nous quand même **choisi** la feuille d'érable comme emblème du pays ?

DÉCOUVRE

5 6
\+ •

Le **conditionnel passé** est un des temps qui indiquent le **passé**.

Le **conditionnel passé** est un temps composé de deux éléments :

- un **auxiliaire** : *avoir* ou *être*, au **conditionnel présent** ;
- un **participe passé**.

Exemple : *Nous* ***aurions vu*** *des ananas.*

EXPÉRIMENTE

Dans la phrase suivante, repère le verbe conjugué au **conditionnel passé**.
« Nous aurions cultivé des ananas si nous avions voyagé à l'envers de l'hiver. »

Réponse : *aurions cultivé.*

Le temps des verbes

Le présent de l'impératif

EXPLORE

Veux-tu voir s'ouvrir une fleur ?

Sur une feuille, **dessine** et **découpe** une étoile.

Plie chaque pointe sur elle-même, vers le centre de l'étoile.

Dépose ta fleur pliée sur l'eau.

Essaie, tu verras !

DÉCOUVRE

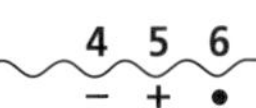

Le **présent de l'impératif** indique un **ordre**, un **souhait**, un **conseil** ou une **consigne**.

Avec l'impératif, le **sujet** n'est pas écrit. Il est **sous-entendu**.

Exemple : ***Plie*** *les pointes l'une sur l'autre.*

Terminaisons des verbes à l'impératif présent			
	1er groupe	2e groupe	3e groupe
2e pers. sing.	e	is	e ou s
1re pers. plur.	ons	issons	ons
2e pers. plur.	ez	issez	ez

Cas particuliers : *dire*, *valoir* (voir les pages 135 et 141).

EXPÉRIMENTE

1. Repère les verbes de la section « Explore » conjugués au **présent de l'impératif**. Conjugue-les à la 1re personne du pluriel.
2. D'après toi, ce texte exprime-t-il un ordre, un souhait ou une consigne ?

Réponses : 1. *Dessinons, découpons, plions, déposons, essayons.*
2. Une consigne.

Le temps des verbes

Le présent du subjonctif

EXPLORE

Comme j'aimerais que le Saint-Laurent **soit** un jour dépollué ! Il faudrait que les bélugas **sachent** parler et que les poissons **signent** une pétition... Qu'en penses-tu ?

DÉCOUVRE

Le **présent du subjonctif** indique un **désir**, une **supposition**, un **regret**, une **obligation**, etc. Il s'emploie toujours avec **que** devant le sujet.

Terminaisons des verbes au présent du subjonctif		
	1er groupe **3e groupe**	**2e groupe**
que je	e	isse
que tu	es	isses
qu'il, qu'elle, qu'on	e	isse
que nous	ions	issions
que vous	iez	issiez
qu'ils, qu'elles	ent	issent

Cas particuliers : *avoir* et *être*.
Consulte les tableaux de conjugaison des pages 129 et 130 pour connaître les finales de ces verbes.

EXPÉRIMENTE

Dans l'exemple de la section « Explore », repère le verbe *savoir* conjugué au **présent du subjonctif**.

Réponse : *sachent*.

Le participe passé employé avec l'auxiliaire *être*

Accord

EXPLORE

Au Québec, les fruits sont très **appréciés**.

Ils sont **dévorés** par milliers !

Les bleuets, les fraises et les framboises sont **savourés** dans les tartes, les « muffins » et les confitures. De plus, bien sûr, ils sont **dégustés** nature ! Miam.

DÉCOUVRE

4 5 6
− + •

- Le **participe passé** employé avec l'**auxiliaire *être*** s'accorde en **genre** et en **nombre** avec le **sujet**.

  Exemple : *Les fruits sont très* ***appréciés****.*

- Si le **verbe *être*** a **plusieurs sujets**, le participe passé sera obligatoirement au **pluriel**. Si l'un des **sujets** est **masculin**, il sera au **masculin**.

  Exemple : *Les bleuets* ***et*** *les fraises sont* ***savourés****.*

EXPÉRIMENTE

Dans la phrase suivante, remplace **bleuets** par **fraises**.
« Ces bleuets sont savourés par mes amis. »
Comment écriras-tu **savourés** ? Pourquoi ?

Réponse : *savourées*. Parce que ce participe passé s'accorde en genre et en nombre avec *fraises* (féminin pluriel).

Le participe passé employé avec l'auxiliaire *avoir*

Accord avec le complément direct

EXPLORE

Les gorilles sont en danger d'extinction. Certaines tribus africaines les **ont tués** pour s'en nourrir. Certains chasseurs en **ont capturés** pour les jardins zoologiques. La mise en culture des terres **a entraîné** la destruction de leur habitat.

DÉCOUVRE

Le **participe passé employé avec l'auxiliaire *avoir*** :

- reste **invariable** s'il **n**'y a **pas de complément direct** ;

  Exemple : *Ils ont voyagé pour capturer des gorilles.* (*pour capturer des gorilles* : compl. circ.)

  voyagé : ne s'accorde pas.

- reste **invariable** lorsque le **complément direct** est placé **après le verbe** ;

  Exemple : *Les chasseurs ont capturé de jeunes spécimens.* (*de jeunes spécimens* : compl. dir.)

  capturé : ne s'accorde pas.

- s'**accorde** avec le **complément direct placé avant le verbe**.

  Exemple : *Certaines tribus les ont exterminés.* (*les* : compl. dir.)

  exterminés : s'accorde avec *les* (masc. plur.).

EXPÉRIMENTE

Dans les phrases suivantes, mets les mots soulignés au **pluriel** et accorde les **participes passés** s'il y a lieu. « Éva a étudié un gorille. Elle l'a observé dans son milieu naturel. »

Réponse : Éva a étudié des gorilles. Elle les a observés dans leur milieu naturel.

L'adverbe
Définition

EXPLORE

Les gens qui se promènent **tranquillement** dans la forêt font **parfois** des heureux.

Les ratons laveurs, **fort** gourmands, se nourrissent **très souvent** de restes de pique-niques.

Ces petits rongeurs sont **vraiment** les rois de certains territoires.

DÉCOUVRE

3 4 5 6
\+ + • •

L'**adverbe** est un mot qui ne varie pas !
C'est un mot **invariable**.

On ajoute un adverbe pour **modifier le sens** :

- d'un **verbe** ;

  Exemple : *Les gens qui se promènent* ***tranquillement****...*

- d'un **adjectif** ;

  Exemple : *Les ratons laveurs,* ***fort*** *gourmands, ...*

- d'un autre **adverbe**.

  Exemple : *Ils se nourrissent* ***très souvent****...*

EXPÉRIMENTE

1. Dans la phrase suivante, quels sont les **adverbes** ?
   « En camping, il est préférable de ne jamais nourrir les ratons laveurs. »
2. Quel mot les **adverbes** modifient-ils ?

Réponses : 1. Les adverbes sont *ne* et *jamais*. 2. Ils modifient le sens du verbe *nourrir*.

L'adverbe
Les sortes

EXPLORE

Le rat musqué ressemble **beaucoup** au castor.
Tous les deux construisent **patiemment** leur maison dans l'eau.
Mais leurs queues diffèrent **énormément**.
Celle du castor est large et plate, celle du rat musqué est longue et conique.

DÉCOUVRE

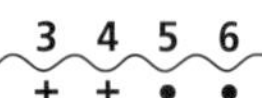

Voici une liste des principaux **adverbes**, groupés en quatre catégories.

Manière	Temps	Quantité	Lieu
ainsi	aujourd'hui	autant	à droite
bien	autrefois	beaucoup	à gauche
comment	bientôt	un peu	ailleurs
ensemble	demain	comme	autour
faux	ensuite	davantage	dedans
calmement	hier	entièrement	derrière
collectivement	jamais	le moins	dessus
logiquement	maintenant	le plus	devant
mal	parfois	plus que	ici
heureusement	soudain	presque	là, là-bas
mieux	souvent	tout	où
vite, etc.	toujours, etc.	très, etc.	partout, etc.

N'oublie pas ! Les **adverbes** sont des mots **invariables** !

EXPÉRIMENTE

Repère l'**adverbe de manière** dans les phrases de la section « Explore ».

Réponse : *patiemment.*

Les mots de relation
Définition et rôle

EXPLORE

Les très gros cétacés se nourrissent de plancton.
Le plancton est composé de nourriture microscopique, d'origine animale **et** végétale.
Certaines baleines n'ont pas de dents **dans** la gueule, **mais** des fanons.
Lorsque la baleine veut se nourrir, les fanons filtrent d'énormes quantités **d'**eau **de** mer et retiennent les plus gros éléments **du** plancton.
Ainsi, une baleine capture **jusqu'à** quatre tonnes de crevettes minuscules chaque jour !

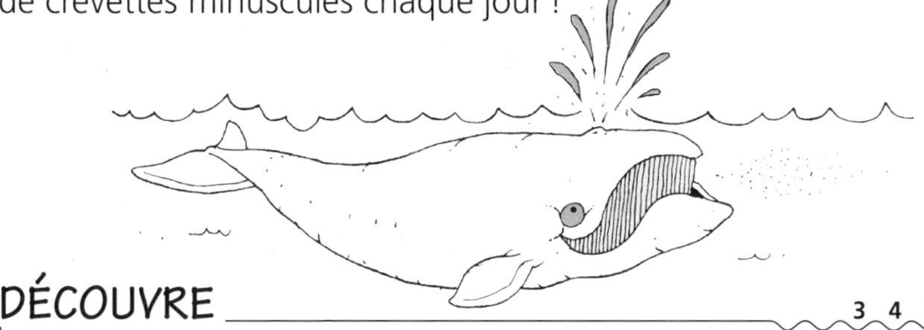

DÉCOUVRE

3 4 5 6
\+ + • •

Les **mots de relation** servent à créer des **liens** entre des mots, des propositions ou des phrases. Ces mots sont **invariables**.

Il y a des mots de relation de **temps**, de **cause**, de **but**, de **lieu**, de **condition**, de **comparaison**, de **conséquence**, d'**opposition**, etc.

Pour plus de détails, consulte les pages 113 à 116.

EXPÉRIMENTE

Relie les deux parties de la phrase suivante par un **mot de relation** autre que *et*.
« J'ai regardé un documentaire sur les baleines *et* je dois faire un exposé sur ce mammifère marin. »

Réponse : Je peux remplacer et par : *car, parce que, puisque*.

LES MOTS DE RELATION

Les mots de relation

de temps, de cause, de but, de lieu

EXPLORE

Lorsque la loutre des mers mange un coquillage, elle nage sur le dos en même temps !
Parfois, **pour** ouvrir son coquillage, elle installe un galet **sur** son ventre et s'en sert comme d'une enclume.
Régulièrement, les mères loutres s'éloignent de la rive **parce qu'**elles n'ont plus de nourriture.
Alors, elles attachent leurs petits au rivage avec une algue, **car** elles ne veulent pas les perdre !

DÉCOUVRE

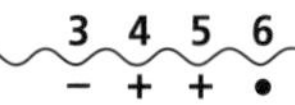

Il existe des **mots de relation** qui expriment :

- un **temps**, un **moment** : *lorsque, dès que, après, avant, depuis, durant, quand*, etc. ;
  Exemple :* *Lorsque *la loutre des mers mange un coquillage...*
- une **cause** : *car, parce que, puisque*, etc. ;
  Exemple : *Elles s'éloignent* ***parce qu'****elles n'ont plus de nourriture.*
- un **but** : *pour, pour que, afin de*, etc. ;
  Exemple : *Elle installe un galet sur son ventre* ***pour*** *ouvrir son coquillage.*
- un **lieu** : *chez, contre, dans, derrière, devant, sur*, etc.
  Exemple : *Elle installe un galet* ***sur*** *son ventre.*

EXPÉRIMENTE

Si tu poses une question qui commence par *quand*, est-ce que tu veux connaître le **temps**, la **cause**, le **but** ou le **lieu** ?

Réponse : Je veux connaître le moment, le temps.

Les mots de relation
de comparaison, d'opposition

EXPLORE

Le soleil est maintenant **plus** menaçant **qu'**il ne l'était auparavant.
Donc, allons à la plage, **mais** protégeons-nous !
Les gens s'enduisent de crème solaire
tandis que moi... j'enfile mon scaphandre !

DÉCOUVRE

5 6
– +

Certains **mots de relation** expriment une **comparaison**.

Ils permettent de comparer les êtres ou les choses.
Ces mots de relation sont :

comme,	*aussi que,*	*plus que,*
ainsi que,	*moins que,*	*tel que,* etc.

Exemple : *Le soleil est maintenant* ***plus*** *menaçant* ***qu'****il ne l'était auparavant.*

Certains **mots de relation** expriment l'**opposition**, une idée contraire.
Ces mots de relation sont :

mais,	*pourtant,*	*toutefois,* etc.
or,	*cependant,*	

EXPÉRIMENTE

Dans les phrases de la section « Explore », repère deux **mots de relation** qui expriment l'**opposition**.

Réponse : *mais, tandis que.*

Les mots de relation

de condition, de conséquence

EXPLORE

Si nous diminuons la quantité de nos déchets, **alors** nous économiserons de l'énergie.
Par exemple, l'énergie nécessaire pour fabriquer une canette d'aluminium peut servir à fabriquer vingt canettes d'aluminium recyclé !
Donc, je récupère toutes les canettes que je trouve.
Ainsi, j'économise l'énergie et je fais aussi des économies !

DÉCOUVRE

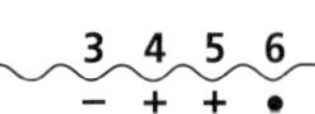

Certains **mots de relation** expriment une **condition** : une action qui dépend d'une autre.
Ces mots de relation sont : *si*, *pourvu que*, *à moins que*, *à condition que*, *pour autant que*, etc.

Exemple : ***Si*** *nous diminuons nos déchets, alors nous économiserons de l'énergie.*
Nous économiserons de l'énergie ***à la condition de*** *diminuer nos déchets.*

5 6
− +

Certains **mots de relation** expriment une **conséquence**.
Une conséquence est le résultat de quelque chose.
Ces mots de relation sont : *donc*, *ainsi*, *alors*, *aussi*, etc.

Exemple : *Si nous diminuons nos déchets,* ***alors*** *nous économiserons de l'énergie.*
Si nous diminuons nos déchets, nous obtiendrons ce ***résultat*** *: économie d'énergie.*

EXPÉRIMENTE

Dans les phrases de la section « Explore », repère le mot de relation qui exprime une **condition**.

Réponse : *si.*

Les signes de ponctuation
Définition et rôle

EXPLORE

« Ouille **! »** semble crier cette otarie**,** empêtrée dans un filet de pêche**.**
Mais comment se fait-il qu'elle soit en si mauvaise posture **?**
Imagine **!** Plusieurs kilomètres de filets sont perdus chaque nuit **!**
Les otaries ne sont pas les seules victimes **;** il y en a bien d'autres **:** les phoques**,** les oiseaux de mer et les cétacés**.**

DÉCOUVRE

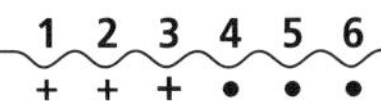

Les **signes de ponctuation** sont nombreux. Ils servent à mieux comprendre un message.

Voici la liste des principaux **signes de ponctuation**.

Le point	⇨ .	Le point-virgule	⇨ ;
La virgule	⇨ ,	Le point d'exclamation	⇨ !
Le deux-points	⇨ :	Le point d'interrogation	⇨ ?
Les guillemets	⇨ « »	Les points de suspension	⇨ ...
Le tiret	⇨ –		

Certains signes marquent une **pause** (**. , ; ...**).
Certains signes indiquent une **intonation particulière** (**! ?**).
Certains signes servent à **rapporter des paroles** (**« » –**).

Le deux-points sert à **introduire une citation ou une énumération**.

EXPÉRIMENTE

Quel **signe de ponctuation** devrait-on trouver à la fin de la phrase suivante ? Pourquoi ?
« Savais-tu que 26 000 tonnes d'emballages plastique sont jetées à la mer chaque année ■ »

Réponse : Un point d'interrogation (?) parce que cette phrase est une question.

La virgule
dans l'énumération

EXPLORE

Les poils du bison servaient à fabriquer des pinceaux**,** des écharpes**,** des ceintures et des bandeaux.
On utilisait les cornes du bison pour fabriquer des gobelets**,** pour façonner des massues et pour confectionner des jouets.

DÉCOUVRE

3 4 5 6
− + • •

La **virgule** sépare chacun des éléments dans une **énumération**.
Ces éléments peuvent être des mots ou des groupes de mots.

Les mots suivants remplacent la virgule **à la fin d'une énumération** : *et*, *ou*.

Exemple : *On utilisait les cornes du bison pour fabriquer des gobelets**,** pour façonner des massues* ***et*** *pour confectionner des jouets**.***

EXPÉRIMENTE

Quels mots trouve-t-on généralement devant le dernier élément d'une **énumération** ?

Réponse : *et, ou.*

La virgule
qui isole un mot ou un groupe de mots
mis en apostrophe

EXPLORE

– Penses-tu**, Julien,** que la baleine franche noire est en danger de disparition dans le nord-ouest de l'océan Atlantique ?
– Oui, répond-il, avec assurance.

– Savais-tu**, ma chère Colombe,** que le rorqual bleu de l'Atlantique est mille sept cents fois plus lourd que l'être humain ?
– Non, dit-elle, je l'ignorais.

DÉCOUVRE

La **virgule** peut **isoler** un mot ou un groupe de mots qui indique la personne ou l'être animé à qui l'on s'adresse.

Les mots ainsi isolés s'appellent **un mot** ou **un groupe de mots mis en apostrophe**.

Exemple : *Sais-tu****, Julien,*** *que la baleine franche noire...*
Julien, *sais-tu que la baleine franche noire...*

EXPÉRIMENTE

Dans la section « Explore », quelles sont les personnes à qui l'on s'adresse ?

Réponse : Julien et Colombe.

La virgule

qui isole un complément circonstanciel

EXPLORE

Autrefois, le grand-père de Laurent se déplaçait en voiture tirée par des chevaux.

Aujourd'hui, Laurent et sa famille se déplacent presque tout le temps en automobile.

Connais-tu**, de nos jours,** des moyens plus écologiques de se déplacer ?

DÉCOUVRE

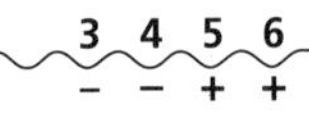

Dans une phrase, la **virgule** peut servir à **isoler** un **complément circonstanciel.** Ce complément est souvent placé au début de la phrase.

Exemple : ***Autrefois,*** *le grand-père de Laurent se déplaçait en voiture tirée par des chevaux.*

La **virgule** marque un temps d'arrêt pendant lequel tu peux respirer quand tu lis à haute voix. Essaie, tu verras !

Pour en savoir plus sur le complément circonstanciel, rends-toi à la page 89.

EXPÉRIMENTE

1. Repère le **complément circonstanciel** dans la phrase suivante.
   « Parfois, je mange du chocolat. »
2. Peux-tu le changer de place dans la phrase ?

Réponses : 1. *Parfois.* 2. Oui : « Je mange *parfois* du chocolat. »

Les signes du dialogue

Le deux-points (**:**)
et les guillemets (**« »**)

EXPLORE

Manuelle demande à son professeur **:**
« Quelles sont les plantes les plus utilisées sur notre planète ? **»**
Monsieur Mongrain lui répond **:**
« Les céréales sont les plus populaires. **»**
Manuelle poursuit **:**
« Il y a beaucoup de céréales. Laquelle est la plus cultivée ? **»**
Son professeur réfléchit **:**
« Le blé arrive en tête. Le riz et le maïs viennent ensuite. **»**

DÉCOUVRE

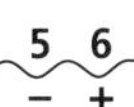

Dans un texte, le **deux-points** peut annoncer que l'on va **rapporter les paroles** de quelqu'un.

Les **guillemets** se placent **au début** et **à la fin** des paroles rapportées.

EXPÉRIMENTE

Dans la section « Explore », repère les **guillemets** qui signalent le début d'une parole rapportée et observe le mot qui suit ces guillemets. Que remarques-tu ?

Réponse : Après les guillemets qui signalent le début d'une parole rapportée, le premier mot commence par une majuscule.

LES SIGNES DE PONCTUATION

Les signes du dialogue

Le tiret (–)

EXPLORE

– Salut, Éric ! As-tu terminé ta recherche pour le cours de sciences ?
– Oui, j'ai appris des choses étonnantes sur les anguilles.
– Quoi donc ?
– Depuis sept ans, elles ont pratiquement disparu du fleuve Saint-Laurent.
– Sais-tu pourquoi ?
– Non ! Personne n'a encore trouvé la raison de cette disparition presque complète. Il y a quelques hypothèses, mais rien de certain encore.

DÉCOUVRE

5 6
– +

Dans un **dialogue**, tu mets un **tiret devant chaque réplique**.

Exemple : *– Salut, Éric ! As-tu terminé ta recherche ?*
– Oui, j'ai appris des choses étonnantes.

EXPÉRIMENTE

Qui suis-je ? On me place toujours devant les paroles de quelqu'un dans un **dialogue**.
J'indique le changement d'interlocuteur.

Réponse : Le tiret.

Les signes du dialogue
La virgule (**,**)

EXPLORE

– Marie-Pierre**, dit Alexa,** connais-tu le wallaby ?

– Laisse-moi réfléchir**, répond-elle,** est-ce une sorte de chauve-souris ?

– Non**, précise Alexa,** c'est le nom donné à plusieurs espèces de très petits kangourous vivant en Australie.

DÉCOUVRE

5 6
– +

Dans un **dialogue**, les **virgules** peuvent servir à **isoler les mots désignant la personne qui parle**.

Exemple : *– Marie-Pierre**, dit Alexa,** connais-tu le wallaby ?*

EXPÉRIMENTE

Dans la phrase suivante, qui est mal ponctuée, repère la partie qui indique la **personne qui parle**.
« Les animaux pense Alexa c'est tout un monde à découvrir. »
À quels endroits devrait-on mettre des **virgules** pour cette partie de la phrase ?

Réponse : « Les animaux, pense Alexa, c'est tout un monde à découvrir. »

Les signes orthographiques
Définition

EXPLORE

Savais-tu que de **l'é**nergie se cache dans ta poubelle ?
La combustion des d**é**chets produit un gaz qui
peut se transformer en **é**nergie.
C'est ce que fait **l'**incin**é**rateur des Carri**è**res, **à** Montr**é**al, depuis 1983.
La d**é**composition des d**é**chets produit un biogaz
qui peut servir **à** la production d'**é**lectricit**é**.

DÉCOUVRE

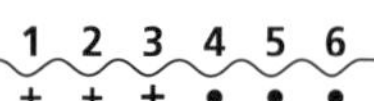

Les **signes orthographiques** accompagnent l'alphabet.

Qui sont-ils ?

ç	⇨	cédille sous le *c*
ë, ï, ü	⇨	tréma sur *e*, *i*, *u*
é	⇨	accent aigu sur *e*
à, è, ù	⇨	accent grave sur *a*, *e*, *u*
â, ê, î, ô, û	⇨	accent circonflexe sur *a*, *e*, *i*, *o*, *u*
pêle-mêle	⇨	trait d'union entre deux mots
c' d' j' l' m' n' s' t' qu'	⇨	apostrophe après *c*, *d*, *j*, *l*, *m*, *n*, *s*, *t*, *qu*

À quoi servent-ils ?

- À indiquer un son : les **accents**, le **tréma**, la **cédille**.
- À remplacer une voyelle : l'**apostrophe**.
- À lier deux mots qui se suivent : le **trait d'union**.
- À séparer un mot en syllabes : le **trait d'union**.

EXPÉRIMENTE

Dans le texte de la section « Explore », quels sont les mots réunis par un **trait d'union** ?

Réponse : *Savais-tu.*

Les accents (´ ` ^)
Le tréma (¨)

EXPLORE

Jo**ë**l vient d'apprendre que le p**é**trole provient de plantes et d'animaux pr**é**historiques.
Ces b**ê**tes et ces v**é**g**é**taux ont **été** recouverts de plusieurs couches de terre et se sont d**é**compos**é**s.
Cela a pris des millions d'ann**é**es pour qu'ils se transforment en p**é**trole brut.

DÉCOUVRE

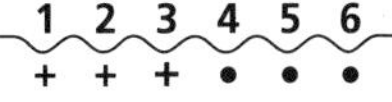

En français, les **accents** et le **tréma** sont des **signes** que l'on doit mettre sur certaines voyelles, parfois pour en **indiquer la prononciation**.

Il existe quatre signes de ce genre :
- l'**accent grave** : à, è, ù ;
- l'**accent aigu** : é ;
- l'**accent circonflexe** : â, ê, î, ô, û ;
- le **tréma** : ë, ï, ü.

EXPÉRIMENTE

Trouve des noms propres qui prennent un **tréma**.

Réponses possibles : Joël, Joëlle, Noël, Noëlle, Saül, Noëlla, Raphaël, etc.

L'apostrophe (')

EXPLORE

L'être humain installe des affiches indiquant **l'importance** de **s'éloigner** des zones arrosées de produits chimiques. Crois-tu **qu'un** écureuil sache lire ces affiches ?

DÉCOUVRE

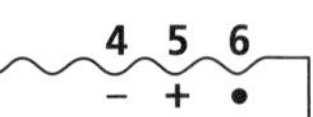

L'**apostrophe remplace une voyelle** non prononcée qui serait placée **devant une autre voyelle** ou un **h muet**. Le remplacement d'une voyelle par une apostrophe s'appelle l'*élision*.

Voici quelques cas d'élision.

Le, **la**
Exemples : ***L'i****mportance,* ***l'h****umain.*

Je, **me**, **te**, **se**
Exemples : ***J'h****abite dans la forêt. Les pesticides* ***m'i****nquiètent.*
L'humain ***s'a****charne à les répandre.*
Tu devrais ***t'é****loigner de cette zone contaminée.*

Ce
Exemple : ***C'e****st incroyable !*

De, **ne**, **que**
Exemples : *Un écureuil* ***n'e****st pas en sécurité quand il mange des noisettes contaminées. Crois-tu* ***qu'i****l peut se priver* ***d'e****n manger ?*

5 6
− +

Si, **lorsque**
Exemples : *Ah !* ***S'i****l pouvait nous le dire* ***lorsqu'i****l est malade.*

EXPÉRIMENTE

Si tu enlèves **l'adjectif** dans la phrase suivante, quelle phrase obtiens-tu ? « Le bel érable déploie ses feuilles. »

Réponse : L'érable déploie ses feuilles.

Le trait d'union (-)

EXPLORE

Pour son anniversaire, **Anne-Marie** a reçu un **cerf-volant**.
– **Vas-y**, monte dans le ciel !
Mais **celui-ci** ne bouge pas.
Anne-Marie retourne chez elle, déçue...
– **Est-ce** que ça va ? demande sa **grand-mère**.
Ton **cerf-volant vole-t-il** bien haut ?
– Non, il refuse de s'envoler...
– Viens, **allons-y** toutes les deux ! décide **grand-maman**.

DÉCOUVRE

5 6
– +

On utilise le **trait d'union** :

- pour unir les mots de certains **mots composés** ;
  Exemples : ***Anne-Marie*** *a reçu un* ***cerf-volant****.*
  Mais ***celui-ci*** *ne bouge pas.*
- pour **unir un verbe au pronom** qui suit. On intercale un ***t*** entre le verbe et le pronom ***il***, ***elle*** ou ***on*** si le verbe se termine par **e** ou ***a*** à la 3e personne du singulier ;
  Exemples : ***Vas-y****...*
  Ton ***cerf-volant vole-t-il*** *?*
  Sait-on *le faire monter ?*
- pour couper un **mot en fin de ligne**. (Voir la page 3.)

EXPÉRIMENTE

Sur une feuille, mets la phrase suivante à la **forme interrogative**. (Il y a deux façons de le faire.)
« Cette fillette réussira à faire voler son cerf-volant. »

Réponse : Cette fillette réussira-t-elle à faire voler son cerf-volant ?
Est-ce que cette fillette réussira à faire voler son cerf-volant ?

Le trait d'union dans les nombres

EXPLORE

Savais-tu que...?

La vaisselle en plastique prend environ **soixante-cinq** ans à se décomposer. Si tu prends une douche, tu utilises environ **soixante et un** litres d'eau. Si tu prends un bain, tu consommes, en moyenne, **cent quatre-vingt-dix** litres d'eau.

DÉCOUVRE

5 6
− +

Lorsque tu écris les nombres, le **trait d'union** est **obligatoire** quand :

- tu écris un nombre **inférieur à cent dont les éléments ne sont pas reliés par *et*** ;
  Exemple : *soixante-cinq ans*
- tu écris la **partie du nombre inférieure à cent dont les éléments ne sont pas reliés par *et***.
  Exemple : *cent quatre-vingt-dix litres*

Tu ne mets **pas de trait d'union** quand :

- tu écris un nombre **inférieur à cent dont les éléments sont reliés par *et***.
  Exemple : *soixante et un litres*

EXPÉRIMENTE

Dans *quatre-vingt-dix*, pourquoi y a-t-il des **traits d'union** ?

Réponse : Parce que c'est un nombre inférieur à cent.

Le verbe *avoir*
Verbe auxiliaire

4 5 6
− + +

Présent
j' ai
tu as
elle a
nous avons
vous avez
elles ont

Imparfait
j' avais
tu avais
elle avait
nous avions
vous aviez
elles avaient

Futur simple
j' aurai
tu auras
elle aura
nous aurons
vous aurez
elles auront

Conditionnel présent
j' aurais
tu aurais
elle aurait
nous aurions
vous auriez
elles auraient

Présent du subjonctif
que j' aie
que tu aies
qu'elle ait
que nous ayons
que vous ayez
qu'elles aient

Présent de l'impératif
aie
ayons
ayez

Présent de l'infinitif
avoir

Passé composé
j' ai eu
tu as eu
il a eu
nous avons eu
vous avez eu
ils ont eu

Plus-que-parfait
j' avais eu
tu avais eu
il avait eu
nous avions eu
vous aviez eu
ils avaient eu

Futur antérieur
j' aurai eu
tu auras eu
il aura eu
nous aurons eu
vous aurez eu
ils auront eu

Conditionnel passé
j' aurais eu
tu aurais eu
il aurait eu
nous aurions eu
vous auriez eu
ils auraient eu

Passé simple
j' eus
tu eus
il eut
nous eûmes
vous eûtes
ils eurent

Participe présent
ayant

Participe passé
eu, eue, eus, eues

Le verbe *être*

Verbe auxiliaire

4 5 6
− + +

Présent
je suis
tu es
elle est
nous sommes
vous êtes
elles sont

Imparfait
j' étais
tu étais
elle était
nous étions
vous étiez
elles étaient

Futur simple
je serai
tu seras
elle sera
nous serons
vous serez
elles seront

Conditionnel présent
je serais
tu serais
elle serait
nous serions
vous seriez
elles seraient

Présent du subjonctif
que je sois
que tu sois
qu'elle soit
que nous soyons
que vous soyez
qu'elles soient

Présent de l'impératif
sois
soyons
soyez

Présent de l'infinitif
être

Passé composé
j' ai été
tu as été
il a été
nous avons été
vous avez été
ils ont été

Plus-que-parfait
j' avais été
tu avais été
il avait été
nous avions été
vous aviez été
ils avaient été

Futur antérieur
j' aurai été
tu auras été
il aura été
nous aurons été
vous aurez été
ils auront été

Conditionnel passé
j' aurais été
tu aurais été
il aurait été
nous aurions été
vous auriez été
ils auraient été

Passé simple
je fus
tu fus
il fut
nous fûmes
vous fûtes
ils furent

Participe présent
étant

Participe passé
été

Le verbe *aimer*
1er groupe

4 5 6
− + +

Présent
j' aime
tu aimes
elle aime
nous aimons
vous aimez
elles aiment

Imparfait
j' aimais
tu aimais
elle aimait
nous aimions
vous aimiez
elles aimaient

Futur simple
j' aimerai
tu aimeras
elle aimera
nous aimerons
vous aimerez
elles aimeront

Conditionnel présent
j' aimerais
tu aimerais
elle aimerait
nous aimerions
vous aimeriez
elles aimeraient

Présent du subjonctif
que j' aime
que tu aimes
qu'elle aime
que nous aimions
que vous aimiez
qu'elles aiment

Présent de l'impératif
aime
aimons
aimez

Présent de l'infinitif
aimer

Passé composé
j' ai aimé
tu as aimé
il a aimé
nous avons aimé
vous avez aimé
ils ont aimé

Plus-que-parfait
j' avais aimé
tu avais aimé
il avait aimé
nous avions aimé
vous aviez aimé
ils avaient aimé

Futur antérieur
j' aurai aimé
tu auras aimé
il aura aimé
nous aurons aimé
vous aurez aimé
ils auront aimé

Conditionnel passé
j' aurais aimé
tu aurais aimé
il aurait aimé
nous aurions aimé
vous auriez aimé
ils auraient aimé

Passé simple
j' aimai
tu aimas
il aima
nous aimâmes
vous aimâtes
ils aimèrent

Participe présent
aimant

Participe passé
aimé, aimée, aimés, aimées

Le verbe *finir*

2e groupe

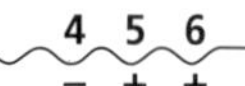

Présent

je fin**is**
tu fin**is**
elle fin**it**
nous fin**issons**
vous fin**issez**
elles fin**issent**

Imparfait

je fin**issais**
tu fin**issais**
elle fin**issait**
nous fin**issions**
vous fin**issiez**
elles fin**issaient**

Futur simple

je fini**rai**
tu fini**ras**
elle fini**ra**
nous fini**rons**
vous fini**rez**
elles fini**ront**

Conditionnel présent

je fini**rais**
tu fini**rais**
elle fini**rait**
nous fini**rions**
vous fini**riez**
elles fini**raient**

Présent du subjonctif

que je fin**isse**
que tu fin**isses**
qu'elle fin**isse**
que nous fin**issions**
que vous fin**issiez**
qu'elles fin**issent**

Présent de l'impératif

fin**is**
fin**issons**
fin**issez**

Présent de l'infinitif

fin**ir**

Passé composé

j' **ai** fini
tu **as** fini
il **a** fini
nous av**ons** fini
vous av**ez** fini
ils **ont** fini

Plus-que-parfait

j' av**ais** fini
tu av**ais** fini
il av**ait** fini
nous av**ions** fini
vous av**iez** fini
ils av**aient** fini

Futur antérieur

j' au**rai** fini
tu au**ras** fini
il au**ra** fini
nous au**rons** fini
vous au**rez** fini
ils au**ront** fini

Conditionnel passé

j' au**rais** fini
tu au**rais** fini
il au**rait** fini
nous au**rions** fini
vous au**riez** fini
ils au**raient** fini

Passé simple

je fin**is**
tu fin**is**
il fin**it**
nous fin**îmes**
vous fin**îtes**
ils fin**irent**

Participe présent

fin**issant**

Participe passé

fin**i**, fin**ie**, fin**is**, fin**ies**

Le verbe *offrir*

3e groupe

4 5 6
– + +

Présent

j' offre
tu offres
elle offre
nous offrons
vous offrez
elles offrent

Imparfait

j' offrais
tu offrais
elle offrait
nous offrions
vous offriez
elles offraient

Futur simple

j' offrirai
tu offriras
elle offrira
nous offrirons
vous offrirez
elles offriront

Conditionnel présent

j' offrirais
tu offrirais
elle offrirait
nous offririons
vous offririez
elles offriraient

Présent du subjonctif

que j' offre
que tu offres
qu'elle offre
que nous offrions
que vous offriez
qu'elles offrent

Présent de l'impératif

offre
offrons
offrez

Présent de l'infinitif

offrir

Passé composé

j' ai offert
tu as offert
il a offert
nous avons offert
vous avez offert
ils ont offert

Plus-que-parfait

j' avais offert
tu avais offert
il avait offert
nous avions offert
vous aviez offert
ils avaient offert

Futur antérieur

j' aurai offert
tu auras offert
il aura offert
nous aurons offert
vous aurez offert
ils auront offert

Conditionnel passé

j' aurais offert
tu aurais offert
il aurait offert
nous aurions offert
vous auriez offert
ils auraient offert

Passé simple

j' offris
tu offris
il offrit
nous offrîmes
vous offrîtes
ils offrirent

Participe présent

offrant

Participe passé

offert, offerte,
offerts, offertes

Le verbe *aller*

3e groupe

4 5 6
– + +

Présent
je vais
tu vas
elle va
nous allons
vous allez
elles vont

Imparfait
j' allais
tu allais
elle allait
nous allions
vous alliez
elles allaient

Futur simple
j' irai
tu iras
elle ira
nous irons
vous irez
elles iront

Conditionnel présent
j' irais
tu irais
elle irait
nous irions
vous iriez
elles iraient

Présent du subjonctif
que j' aille
que tu ailles
qu'elle aille
que nous allions
que vous alliez
qu'elles aillent

Présent de l'impératif
va
allons
allez

Présent de l'infinitif
aller

Passé composé
je suis allé (ou allée)
tu es allé (ou allée)
il est allé
nous sommes allés (ou allées)
vous êtes allés (ou allées)
ils sont allés

Plus-que-parfait
j' étais allé (ou allée)
tu étais allé (ou allée)
il était allé
nous étions allés (ou allées)
vous étiez allés (ou allées)
ils étaient allés

Futur antérieur
je serai allé (ou allée)
tu seras allé (ou allée)
il sera allé
nous serons allés (ou allées)
vous serez allés (ou allées)
ils seront allés

Conditionnel passé
je serais allé (ou allée)
tu serais allé (ou allée)
il serait allé
nous serions allés (ou allées)
vous seriez allés (ou allées)
ils seraient allés

Passé simple
j' allai
tu allas
il alla
nous allâmes
vous allâtes
ils allèrent

Participe présent
allant

Participe passé
allé, allée, allés, allées

Le verbe *dire*

3e groupe

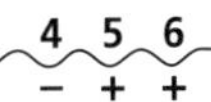

Présent

je dis
tu dis
elle dit
nous disons
vous dites
elles disent

Imparfait

je disais
tu disais
elle disait
nous disions
vous disiez
elles disaient

Futur simple

je dirai
tu diras
elle dira
nous dirons
vous direz
elles diront

Conditionnel présent

je dirais
tu dirais
elle dirait
nous dirions
vous diriez
elles diraient

Présent du subjonctif

que je dise
que tu dises
qu'elle dise
que nous disions
que vous disiez
qu'elles disent

Présent de l'impératif

dis
disons
dites

Présent de l'infinitif

dire

Passé composé

j' ai dit
tu as dit
il a dit
nous avons dit
vous avez dit
ils ont dit

Plus-que-parfait

j' avais dit
tu avais dit
il avait dit
nous avions dit
vous aviez dit
ils avaient dit

Futur antérieur

j' aurai dit
tu auras dit
il aura dit
nous aurons dit
vous aurez dit
ils auront dit

Conditionnel passé

j' aurais dit
tu aurais dit
il aurait dit
nous aurions dit
vous auriez dit
ils auraient dit

Passé simple

je dis
tu dis
il dit
nous dîmes
vous dîtes
ils dirent

Participe présent

disant

Participe passé

dit, dite, dits, dites

Le verbe *éteindre*

3e groupe

4 5 6
– + +

Présent

j' étein**s**
tu étein**s**
elle étein**t**
nous éteign**ons**
vous éteign**ez**
elles éteign**ent**

Imparfait

j' éteign**ais**
tu éteign**ais**
elle éteign**ait**
nous éteign**ions**
vous éteign**iez**
elles éteign**aient**

Futur simple

j' éteind**rai**
tu éteind**ras**
elle éteind**ra**
nous éteind**rons**
vous éteind**rez**
elles éteind**ront**

Conditionnel présent

j' éteind**rais**
tu éteind**rais**
elle éteind**rait**
nous éteind**rions**
vous éteind**riez**
elles éteind**raient**

Présent du subjonctif

que j' éteign**e**
que tu éteign**es**
qu'elle éteign**e**
que nous éteign**ions**
que vous éteign**iez**
qu'elles éteign**ent**

Présent de l'impératif

étein**s**
éteign**ons**
éteign**ez**

Présent de l'infinitif

étein**dre**

Passé composé

j' **ai** éteint
tu **as** éteint
il **a** éteint
nous av**ons** éteint
vous av**ez** éteint
ils **ont** éteint

Plus-que-parfait

j' av**ais** éteint
tu av**ais** éteint
il av**ait** éteint
nous av**ions** éteint
vous av**iez** éteint
ils av**aient** éteint

Futur antérieur

j' au**rai** éteint
tu au**ras** éteint
il au**ra** éteint
nous au**rons** éteint
vous au**rez** éteint
ils au**ront** éteint

Conditionnel passé

j' au**rais** éteint
tu au**rais** éteint
il au**rait** éteint
nous au**rions** éteint
vous au**riez** éteint
ils au**raient** éteint

Passé simple

j' éteign**is**
tu éteign**is**
il éteign**it**
nous éteign**îmes**
vous éteign**îtes**
ils éteign**irent**

Participe présent

éteign**ant**

Participe passé

étein**t**, étein**te**,
étein**ts**, étein**tes**

Le verbe *faire*
3e groupe

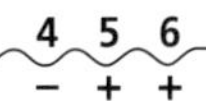

Présent
je fais
tu fais
elle fait
nous faisons
vous faites
elles font

Imparfait
je faisais
tu faisais
elle faisait
nous faisions
vous faisiez
elles faisaient

Futur simple
je ferai
tu feras
elle fera
nous ferons
vous ferez
elles feront

Conditionnel présent
je ferais
tu ferais
elle ferait
nous ferions
vous feriez
elles feraient

Présent du subjonctif
que je fasse
que tu fasses
qu'elle fasse
que nous fassions
que vous fassiez
qu'elles fassent

Présent de l'impératif
fais
faisons
faites

Présent de l'infinitif
faire

Passé composé
j' ai fait
tu as fait
il a fait
nous avons fait
vous avez fait
ils ont fait

Plus-que-parfait
j' avais fait
tu avais fait
il avait fait
nous avions fait
vous aviez fait
ils avaient fait

Futur antérieur
j' aurai fait
tu auras fait
il aura fait
nous aurons fait
vous aurez fait
ils auront fait

Conditionnel passé
j' aurais fait
tu aurais fait
il aurait fait
nous aurions fait
vous auriez fait
ils auraient fait

Passé simple
je fis
tu fis
il fit
nous fîmes
vous fîtes
ils firent

Participe présent
faisant

Participe passé
fait, faite, faits, faites

Le verbe *pouvoir*

3e groupe

4 5 6
− + +

Présent
je peux
tu peux
elle peut
nous pouvons
vous pouvez
elles peuvent

Imparfait
je pouvais
tu pouvais
elle pouvait
nous pouvions
vous pouviez
elles pouvaient

Futur simple
je pourrai
tu pourras
elle pourra
nous pourrons
vous pourrez
elles pourront

Conditionnel présent
je pourrais
tu pourrais
elle pourrait
nous pourrions
vous pourriez
elles pourraient

Présent du subjonctif
que je puisse
que tu puisses
qu'elle puisse
que nous puissions
que vous puissiez
qu'elles puissent

Présent de l'impératif
pas d'impératif

Présent de l'infinitif
pouvoir

Passé composé
j' ai pu
tu as pu
il a pu
nous avons pu
vous avez pu
ils ont pu

Plus-que-parfait
j' avais pu
tu avais pu
il avait pu
nous avions pu
vous aviez pu
ils avaient pu

Futur antérieur
j' aurai pu
tu auras pu
il aura pu
nous aurons pu
vous aurez pu
ils auront pu

Conditionnel passé
j' aurais pu
tu aurais pu
il aurait pu
nous aurions pu
vous auriez pu
ils auraient pu

Passé simple
je pus
tu pus
il put
nous pûmes
vous pûtes
ils purent

Participe présent
pouvant

Participe passé
pu

Le verbe *recevoir*

3e groupe

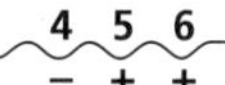

Présent

je reçois
tu reçois
elle reçoit
nous recevons
vous recevez
elles reçoivent

Imparfait

je recevais
tu recevais
elle recevait
nous recevions
vous receviez
elles recevaient

Futur simple

je recevrai
tu recevras
elle recevra
nous recevrons
vous recevrez
elles recevront

Conditionnel présent

je recevrais
tu recevrais
elle recevrait
nous recevrions
vous recevriez
elles recevraient

Présent du subjonctif

que je reçoive
que tu reçoives
qu'elle reçoive
que nous recevions
que vous receviez
qu'elles reçoivent

Présent de l'impératif

reçois
recevons
recevez

Présent de l'infinitif

recevoir

Passé composé

j' ai reçu
tu as reçu
il a reçu
nous avons reçu
vous avez reçu
ils ont reçu

Plus-que-parfait

j' avais reçu
tu avais reçu
il avait reçu
nous avions reçu
vous aviez reçu
ils avaient reçu

Futur antérieur

j' aurai reçu
tu auras reçu
il aura reçu
nous aurons reçu
vous aurez reçu
ils auront reçu

Conditionnel passé

j' aurais reçu
tu aurais reçu
il aurait reçu
nous aurions reçu
vous auriez reçu
ils auraient reçu

Passé simple

je reçus
tu reçus
il reçut
nous reçûmes
vous reçûtes
ils reçurent

Participe présent

recevant

Participe passé

reçu, reçue, reçus, reçues

Le verbe *savoir*

3e groupe

4 5 6
– + +

Présent

je sais
tu sais
elle sait
nous savons
vous savez
elles savent

Imparfait

je savais
tu savais
elle savait
nous savions
vous saviez
elles savaient

Futur simple

je saurai
tu sauras
elle saura
nous saurons
vous saurez
elles sauront

Conditionnel présent

je saurais
tu saurais
elle saurait
nous saurions
vous sauriez
elles sauraient

Présent du subjonctif

que je sache
que tu saches
qu'elle sache
que nous sachions
que vous sachiez
qu'elles sachent

Présent de l'impératif

sache
sachons
sachez

Présent de l'infinitif

savoir

Passé composé

j' ai su
tu as su
il a su
nous avons su
vous avez su
ils ont su

Plus-que-parfait

j' avais su
tu avais su
il avait su
nous avions su
vous aviez su
ils avaient su

Futur antérieur

j' aurai su
tu auras su
il aura su
nous aurons su
vous aurez su
ils auront su

Conditionnel passé

j' aurais su
tu aurais su
il aurait su
nous aurions su
vous auriez su
ils auraient su

Passé simple

je sus
tu sus
il sut
nous sûmes
vous sûtes
ils surent

Participe présent

sachant

Participe passé

su, su, sus, sues

Le verbe *valoir*
3e groupe

4 5 6
– + +

Présent
je vaux
tu vaux
elle vaut
nous valons
vous valez
elles valent

Imparfait
je valais
tu valais
elle valait
nous valions
vous valiez
elles valaient

Futur simple
je vaudrai
tu vaudras
elle vaudra
nous vaudrons
vous vaudrez
elles vaudront

Conditionnel présent
je vaudrais
tu vaudrais
elle vaudrait
nous vaudrions
vous vaudriez
elles vaudraient

Présent du subjonctif
que je vaille
que tu vailles
qu'elle vaille
que nous valions
que vous valiez
qu'elles vaillent

Présent de l'impératif
vaux
valons
valez

Présent de l'infinitif
valoir

Passé composé
j' ai valu
tu as valu
il a valu
nous avons valu
vous avez valu
ils ont valu

Plus-que-parfait
j' avais valu
tu avais valu
il avait valu
nous avions valu
vous aviez valu
ils avaient valu

Futur antérieur
j' aurai valu
tu auras valu
il aura valu
nous aurons valu
vous aurez valu
ils auront valu

Conditionnel passé
j' aurais valu
tu aurais valu
il aurait valu
nous aurions valu
vous auriez valu
ils auraient valu

Passé simple
je valus
tu valus
il valut
nous valûmes
vous valûtes
ils valurent

Participe présent
valant

Participe passé
valu, value, valus, values

Le verbe *vendre*

3e groupe

4 5 6
– + +

Présent
je vends
tu vends
elle vend
nous vendons
vous vendez
elles vendent

Imparfait
je vendais
tu vendais
elle vendait
nous vendions
vous vendiez
elles vendaient

Futur simple
je vendrai
tu vendras
elle vendra
nous vendrons
vous vendrez
elles vendront

Conditionnel présent
je vendrais
tu vendrais
elle vendrait
nous vendrions
vous vendriez
elles vendraient

Présent du subjonctif
que je vende
que tu vendes
qu'elle vende
que nous vendions
que vous vendiez
qu'elles vendent

Présent de l'impératif
vends
vendons
vendez

Présent de l'infinitif
vendre

Passé composé
j' ai vendu
tu as vendu
il a vendu
nous avons vendu
vous avez vendu
ils ont vendu

Plus-que-parfait
j' avais vendu
tu avais vendu
il avait vendu
nous avions vendu
vous aviez vendu
ils avaient vendu

Futur antérieur
j' aurai vendu
tu auras vendu
il aura vendu
nous aurons vendu
vous aurez vendu
ils auront vendu

Conditionnel passé
j' aurais vendu
tu aurais vendu
il aurait vendu
nous aurions vendu
vous auriez vendu
ils auraient vendu

Passé simple
je vendis
tu vendis
il vendit
nous vendîmes
vous vendîtes
ils vendirent

Participe présent
vendant

Participe passé
vendu, vendue
vendus, vendues

Le verbe *venir*
3e groupe

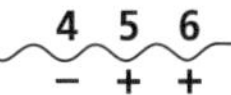

Présent
je viens
tu viens
elle vient
nous venons
vous venez
elles viennent

Imparfait
je venais
tu venais
elle venait
nous venions
vous veniez
elles venaient

Futur simple
je viendrai
tu viendras
elle viendra
nous viendrons
vous viendrez
elles viendront

Conditionnel présent
je viendrais
tu viendrais
elle viendrait
nous viendrions
vous viendriez
elles viendraient

Présent du subjonctif
que je vienne
que tu viennes
qu'elle vienne
que nous venions
que vous veniez
qu'elles viennent

Présent de l'impératif
viens
venons
venez

Présent de l'infinitif
venir

Passé composé
je suis venu (ou venue)
tu es venu (ou venue)
il est venu
nous sommes venus (ou venues)
vous êtes venus (ou venues)
ils sont venus

Plus-que-parfait
j' étais venu (ou venue)
tu étais venu (ou venue)
il était venu
nous étions venus (ou venues)
vous étiez venus (ou venues)
ils étaient venus

Futur antérieur
je serai venu (ou venue)
tu seras venu (ou venue)
il sera venu
nous serons venus (ou venues)
vous serez venus (ou venues)
ils seront venus

Conditionnel passé
je serais venu (ou venue)
tu serais venu (ou venue)
il serait venu
nous serions venus (ou venues)
vous seriez venus (ou venues)
ils seraient venus

Passé simple
je vins
tu vins
il vint
nous vînmes
vous vîntes
ils vinrent

Participe présent
venant

Participe passé
venu, venue, venus, venues

Les conjugaisons : je

Présent, imparfait, futur simple de l'indicatif, conditionnel présent

3 4 5 6
\+ + • •

Infinitif er, ir, oir, re		Présent s, e, x, ai	Imparfait ais
Aimer	1er	j'aime	j'aimais
Aller	3e	je vais	j'allais
Avoir	–	j'ai	j'avais
Boire	3e	je bois	je buvais
Être	–	je suis	j'étais
Faire	3e	je fais	je faisais
Finir	2e	je finis	je finissais
Valoir	3e	je vaux	je valais
Voir	3e	je vois	je voyais
Vouloir	3e	je veux	je voulais

Infinitif er, ir, oir, re		Futur simple rai	Conditionnel présent rais
Aimer	1er	j'aimerai	j'aimerais
Aller	3e	j'irai	j'irais
Avoir	–	j'aurai	j'aurais
Boire	3e	je boirai	je boirais
Être	–	je serai	je serais
Faire	3e	je ferai	je ferais
Finir	2e	je finirai	je finirais
Valoir	3e	je vaudrai	je vaudrais
Voir	3e	je verrai	je verrais
Vouloir	3e	je voudrai	je voudrais

Les conjugaisons : je

Passé composé, plus-que-parfait, passé simple, futur antérieur, conditionnel passé, subjonctif présent

4 5 6
– + •

Passé composé	Plus-que-parfait	Passé simple ai, is, us
j'ai aimé	j'avais aimé	j'aimai
je suis allé (ou allée)	j'étais allé (ou allée)	j'allai
j'ai eu	j'avais eu	j'eus
j'ai bu	j'avais bu	je bus
j'ai été	j'avais été	je fus
j'ai fait	j'avais fait	je fis
j'ai fini	j'avais fini	je finis
j'ai valu	j'avais valu	je valus
j'ai vu	j'avais vu	je vis
j'ai voulu	j'avais voulu	je voulus

Futur antérieur	Conditionnel passé	Subjonctif présent e, isse
j'aurai aimé	j'aurais aimé	que j'aime
je serai allé (ou allée)	je serais allé (ou allée)	que j'aille
j'aurai eu	j'aurais eu	que j'aie
j'aurai bu	j'aurais bu	que je boive
j'aurai été	j'aurais été	que je sois*
j'aurai fait	j'aurais fait	que je fasse
j'aurai fini	j'aurais fini	que je finisse
j'aurai valu	j'aurais valu	que je vaille
j'aurai vu	j'aurais vu	que je voie
j'aurai voulu	j'aurais voulu	que je veuille

* Exception

Les conjugaisons : tu

Présent, imparfait, futur simple de l'indicatif, conditionnel présent

3 4 5 6
\+ + • •

Infinitif er, ir, oir, re		Présent s, x	Imparfait ais
Aimer	1er	tu aimes	tu aimais
Aller	3e	tu vas	tu allais
Avoir	–	tu as	tu avais
Boire	3e	tu bois	tu buvais
Être	–	tu es	tu étais
Faire	3e	tu fais	tu faisais
Finir	2e	tu finis	tu finissais
Valoir	3e	tu vaux	tu valais
Voir	3e	tu vois	tu voyais
Vouloir	3e	tu veux	tu voulais

Infinitif er, ir, oir, re		Futur simple ras	Conditionnel présent rais
Aimer	1er	tu aimeras	tu aimerais
Aller	3e	tu iras	tu irais
Avoir	–	tu auras	tu aurais
Boire	3e	tu boiras	tu boirais
Être	–	tu seras	tu serais
Faire	3e	tu feras	tu ferais
Finir	2e	tu finiras	tu finirais
Valoir	3e	tu vaudras	tu vaudrais
Voir	3e	tu verras	tu verrais
Vouloir	3e	tu voudras	tu voudrais

Les conjugaisons : tu

Passé composé, plus-que-parfait, passé simple, futur antérieur, conditionnel passé, subjonctif présent

4 5 6
– + •

Passé composé	Plus-que-parfait	Passé simple as, is, us
tu as aimé	tu avais aimé	tu aimas
tu es allé (ou allée)	tu étais allé (ou allée)	tu allas
tu as eu	tu avais eu	tu eus
tu as bu	tu avais bu	tu bus
tu as été	tu avais été	tu fus
tu as fait	tu avais fait	tu fis
tu as fini	tu avais fini	tu finis
tu as valu	tu avais valu	tu valus
tu as vu	tu avais vu	tu vis
tu as voulu	tu avais voulu	tu voulus

Futur antérieur	Conditionnel passé	Présent du subjonctif es, isses
tu auras aimé	tu aurais aimé	que tu aimes
tu seras allé (ou allée)	tu serais allé (ou allée)	que tu ailles
tu auras eu	tu aurais eu	que tu aies
tu auras bu	tu aurais bu	que tu boives
tu auras été	tu aurais été	que tu sois*
tu auras fait	tu aurais fait	que tu fasses
tu auras fini	tu aurais fini	que tu finisses
tu auras valu	tu aurais valu	que tu vailles
tu auras vu	tu aurais vu	que tu voies
tu auras voulu	tu aurais voulu	que tu veuilles

* Exception

LES TABLEAUX DE CONJUGAISON

Les conjugaisons : il, elle, on

Présent, imparfait, futur simple de l'indicatif, conditionnel présent

3 4 5 6
\+ + • •

Infinitif er, ir, oir, re		Présent d, a, t, e	Imparfait ait
Aimer	1er	on aime	il aimait
Aller	3e	elle va	il allait
Avoir	–	on a	elle avait
Boire	3e	il boit	on buvait
Être	–	elle est	il était
Faire	3e	il fait	on faisait
Finir	2e	on finit	elle finissait
Prendre	3e	on prend	elle prenait
Voir	3e	elle voit	il voyait
Vouloir	3e	on veut	elle voulait

Infinitif er, ir, oir, re		Futur simple ra	Conditionnel présent rait
Aimer	1er	il aimera	elle aimerait
Aller	3e	on ira	il irait
Avoir	–	elle aura	on aurait
Boire	3e	on boira	elle boirait
Être	–	elle sera	elle serait
Faire	3e	on fera	il ferait
Finir	2e	elle finira	on finirait
Prendre	3e	elle prendra	on prendrait
Voir	3e	il verra	on verrait
Vouloir	3e	elle voudra	il voudrait

Les conjugaisons : il, elle, on

Passé composé, plus-que-parfait, passé simple, futur antérieur, conditionnel passé, subjonctif présent

4 5 6
– + •

Passé composé	Plus-que-parfait	Passé simple a, it, ut
on a aimé	il avait aimé	il aima
elle est allée	il était allé	on alla
on a eu	elle avait eu	elle eut
il a bu	on avait bu	on but
elle a été	il avait été	elle fut
il a fait	on avait fait	on fit
on a fini	elle avait fini	elle finit
on a pris	elle avait pris	elle prit
elle a vu	il avait vu	il vit
on a voulu	elle avait voulu	on voulut

Futur antérieur	Conditionnel passé	Présent du subjonctif e, isse
il aura aimé	elle aurait aimé	qu'on aime
on sera allé	il serait allé	qu'elle aille
elle aura eu	on aurait eu	qu'on ait*
on aura bu	elle aurait bu	qu'il boive
elle aura été	elle aurait été	qu'elle soit*
on aura fait	il aurait fait	qu'il fasse
elle aura fini	on aurait fini	qu'on finisse
elle aura pris	on aurait pris	qu'on prenne
il aura vu	on aurait vu	qu'elle voie
elle aura voulu	il aurait voulu	qu'il veuille

* Exception

Les conjugaisons : nous

Présent, imparfait,
futur simple de l'indicatif,
conditionnel présent

3 4 5 6
\+ \+ • •

Infinitif er, ir, oir, re		Présent ons, issons	Imparfait ions, issions
Aimer	1er	nous aimons	nous aimions
Aller	3e	nous allons	nous allions
Avoir	–	nous avons	nous avions
Boire	3e	nous buvons	nous buvions
Être	–	nous sommes	nous étions
Faire	3e	nous faisons	nous faisions
Finir	2e	nous finissons	nous finissions
Manger	1er	nous mangeons	nous mangions
Pouvoir	3e	nous pouvons	nous pouvions
Prendre	3e	nous prenons	nous prenions
Valoir	3e	nous valons	nous valions
Venir	3e	nous venons	nous venions
Voir	3e	nous voyons	nous voyions
Vouloir	3e	nous voulons	nous voulions

Infinitif er, ir, oir, re		Futur simple rons	Conditionnel présent rions
Aimer	1er	nous aimerons	nous aimerions
Aller	3e	nous irons	nous irions
Avoir	–	nous aurons	nous aurions
Boire	3e	nous boirons	nous boirions
Être	–	nous serons	nous serions
Faire	3e	nous ferons	nous ferions
Finir	2e	nous finirons	nous finirions
Manger	1er	nous mangerons	nous mangerions
Pouvoir	3e	nous pourrons	nous pourrions
Prendre	3e	nous prendrons	nous prendrions
Valoir	3e	nous vaudrons	nous vaudrions
Venir	3e	nous viendrons	nous viendrions
Voir	3e	nous verrons	nous verrions
Vouloir	3e	nous voudrons	nous voudrions

Les conjugaisons : nous

Passé composé, plus-que-parfait,
passé simple, futur antérieur,
conditionnel passé, subjonctif présent

4 5 6
− + •

Passé composé	Plus-que-parfait	Passé simple âmes, îmes, ûmes
nous avons aimé	nous avions aimé	nous aimâmes
nous sommes allés (ou allées)	nous étions allés (ou allées)	nous allâmes
nous avons eu	nous avions eu	nous eûmes
nous avons bu	nous avions bu	nous bûmes
nous avons été	nous avions été	nous fûmes
nous avons fait	nous avions fait	nous fîmes
nous avons fini	nous avions fini	nous finîmes
nous avons mangé	nous avions mangé	nous mangeâmes
nous avons pu	nous avions pu	nous pûmes
nous avons pris	nous avions pris	nous prîmes
nous avons valu	nous avions valu	nous valûmes
nous sommes venus (ou venues)	nous étions venus (ou venues)	nous vînmes*
nous avons vu	nous avions vu	nous vîmes
nous avons voulu	nous avions voulu	nous voulûmes

Futur antérieur	Conditionnel passé	Présent du subjonctif ions, issions
nous aurons aimé	nous aurions aimé	que nous aimions
nous serons allés (ou allées)	nous serions allés (ou allées)	que nous allions
nous aurons eu	nous aurions eu	que nous ayons*
nous aurons bu	nous aurions bu	que nous buvions
nous aurons été	nous aurions été	que nous soyons*
nous aurons fait	nous aurions fait	que nous fassions
nous aurons fini	nous aurions fini	que nous finissions
nous aurons mangé	nous aurions mangé	que nous mangions
nous aurons pu	nous aurions pu	que nous puissions
nous aurons pris	nous aurions pris	que nous prenions
nous aurons valu	nous aurions valu	que nous valions
nous serons venus (ou venues)	nous serions venus (ou venues)	que nous venions
nous aurons vu	nous aurions vu	que nous voyions
nous aurons voulu	nous aurions voulu	que nous voulions

* Exception

Les conjugaisons : vous

Présent, imparfait,
futur simple de l'indicatif,
conditionnel présent

3 4 5 6
\+ \+ • •

Infinitif er, ir, oir, re		Présent ez, es, issez	Imparfait iez, issiez
Aimer	1er	vous aimez	vous aimiez
Aller	3e	vous allez	vous alliez
Avoir	–	vous avez	vous aviez
Boire	3e	vous buvez	vous buviez
Dire	3e	vous dites	vous disiez
Être	–	vous êtes	vous étiez
Faire	3e	vous faites	vous faisiez
Finir	2e	vous finissez	vous finissiez
Pouvoir	3e	vous pouvez	vous pouviez
Prendre	3e	vous prenez	vous preniez
Valoir	3e	vous valez	vous valiez
Voir	3e	vous voyez	vous voyiez
Vouloir	3e	vous voulez	vous vouliez

Infinitif er, ir, oir, re		Futur simple rez	Conditionnel présent riez
Aimer	1er	vous aimerez	vous aimeriez
Aller	3e	vous irez	vous iriez
Avoir	–	vous aurez	vous auriez
Boire	3e	vous boirez	vous boiriez
Dire	3e	vous direz	vous diriez
Être	–	vous serez	vous seriez
Faire	3e	vous ferez	vous feriez
Finir	2e	vous finirez	vous finiriez
Pouvoir	3e	vous pourrez	vous pourriez
Prendre	3e	vous prendrez	vous prendriez
Valoir	3e	vous vaudrez	vous vaudriez
Voir	3e	vous verrez	vous verriez
Vouloir	3e	vous voudrez	vous voudriez

Les conjugaisons : vous

Passé composé, plus-que-parfait, passé simple, futur antérieur, conditionnel passé, subjonctif présent

Passé composé	Plus-que-parfait	Passé simple âtes, îtes, ûtes
vous avez aimé	vous aviez aimé	vous aimâtes
vous êtes allés (ou allées)	vous étiez allés (ou allées)	vous allâtes
vous avez eu	vous aviez eu	vous eûtes
vous avez bu	vous aviez bu	vous bûtes
vous avez dit	vous aviez dit	vous dîtes
vous avez été	vous aviez été	vous fûtes
vous avez fait	vous aviez fait	vous fîtes
vous avez fini	vous aviez fini	vous finîtes
vous avez pu	vous aviez pu	vous pûtes
vous avez pris	vous aviez pris	vous prîtes
vous avez valu	vous aviez valu	vous valûtes
vous avez vu	vous aviez vu	vous vîtes
vous avez voulu	vous aviez voulu	vous voulûtes

Futur antérieur	Conditionnel passé	Présent du subjonctif iez, issiez
vous aurez aimé	vous auriez aimé	que vous aimiez
vous serez allés (ou allées)	vous seriez allés (ou allées)	que vous alliez
vous aurez eu	vous auriez eu	que vous ayez*
vous aurez bu	vous auriez bu	que vous buviez
vous aurez dit	vous auriez dit	que vous disiez
vous aurez été	vous auriez été	que vous soyez*
vous aurez fait	vous auriez fait	que vous fassiez
vous aurez fini	vous auriez fini	que vous finissiez
vous aurez pu	vous auriez pu	que vous puissiez
vous aurez pris	vous auriez pris	que vous preniez
vous aurez valu	vous auriez valu	que vous valiez
vous aurez vu	vous auriez vu	que vous voyiez
vous aurez voulu	vous auriez voulu	que vous vouliez

* Exception

Les conjugaisons : ils, elles

Présent, imparfait, futur simple de l'indicatif, conditionnel présent

3 4 5 6
\+ + • •

Infinitif er, ir, oir, re		Présent ent, ont	Imparfait aient
Aimer	1er	elles aiment	ils aimaient
Aller	3e	ils vont	elles allaient
Avoir	–	elles ont	ils avaient
Boire	3e	ils boivent	elles buvaient
Dire	3e	elles disent	ils disaient
Être	–	ils sont	elles étaient
Faire	3e	elles font	ils faisaient
Finir	2e	ils finissent	elles finissaient
Pouvoir	3e	elles peuvent	ils pouvaient
Prendre	3e	ils prennent	elles prenaient
Valoir	3e	elles valent	ils valaient
Voir	3e	ils voient	elles voyaient
Vouloir	3e	elles veulent	ils voulaient

Infinitif er, ir, oir, re		Futur simple ront	Conditionnel présent raient
Aimer	1er	ils aimeront	elles aimeraient
Aller	3e	elles iront	ils iraient
Avoir	–	ils auront	elles auraient
Boire	3e	elles boiront	ils boiraient
Dire	3e	ils diront	elles diraient
Être	–	elles seront	ils seraient
Faire	3e	ils feront	elles feraient
Finir	2e	elles finiront	ils finiraient
Pouvoir	3e	ils pourront	elles pourraient
Prendre	3e	elles prendront	ils prendraient
Valoir	3e	ils vaudront	elles vaudraient
Voir	3e	elles verront	ils verraient
Vouloir	3e	ils voudront	elles voudraient

Les conjugaisons : ils, elles

Passé composé, plus-que-parfait, passé simple, futur antérieur, conditionnel passé, subjonctif présent

4 5 6
– + •

Passé composé	Plus-que-parfait	Passé simple èrent, irent, urent
elles ont aimé	ils avaient aimé	elles aimèrent
ils sont allés	elles étaient allées	ils allèrent
elles ont eu	ils avaient eu	elles eurent
ils ont bu	elles avaient bu	ils burent
elles ont dit	ils avaient dit	elles dirent
ils ont été	elles avaient été	ils furent
elles ont fait	ils avaient fait	elles firent
ils ont fini	elles avaient fini	ils finirent
elles ont pu	ils avaient pu	elles purent
ils ont pris	elles avaient pris	ils prirent
elles ont valu	ils avaient valu	elles valèrent
ils ont vu	elles avaient vu	ils virent
elles ont voulu	ils avaient voulu	elles voulurent

Futur antérieur	Conditionnel passé	Présent du subjonctif ent, issent
ils auront aimé	elles auraient aimé	qu'ils aiment
elles seront allées	ils seraient allés	qu'elles aillent
ils auront eu	elles auraient eu	qu'ils aient
elles auront bu	ils auraient bu	qu'elles boivent
ils auront dit	elles auraient dit	qu'ils disent
elles auront été	ils auraient été	qu'elles soient
ils auront fait	elles auraient fait	qu'ils fassent
elles auront fini	ils auraient fini	qu'elles finissent
ils auront pu	elles auraient pu	qu'ils puissent
elles auront pris	ils auraient pris	qu'elles prennent
ils auront valu	elles auraient valu	qu'ils valent
elles auront vu	ils auraient vu	qu'elles voient
ils auront voulu	elles auraient voulu	qu'ils veulent

Les conjugaisons
Présent de l'impératif

4 5 6
– + •

Infinitif		Présent de l'impératif		
		2e pers. du sing.	1re pers. du plur.	2e pers. du plur.
er, ir, oir, re		s, a, x, e	ons	ez, es
Aimer	1er	aime	aimons	aimez
Aller	3e	va	allons	allez
Avoir	–	aie	ayons	ayez
Boire	3e	bois	buvons	buvez
Dire	3e	dis	disons	dites
Être	–	sois	soyons	soyez
Faire	3e	fais	faisons	faites
Finir	2e	finis	finissons	finissez
Manger	1er	mange	mangeons	mangez
Pouvoir	3e	–	–	–
Prendre	3e	prends	prenons	prenez
Récupérer	1er	récupère	récupérons	récupérez
Recycler	1er	recycle	recyclons	recyclez
Savoir	3e	sache	sachons	sachez
Venir	3e	viens	venons	venez
Voir	3e	vois	voyons	voyez

2. Le dictionnaire

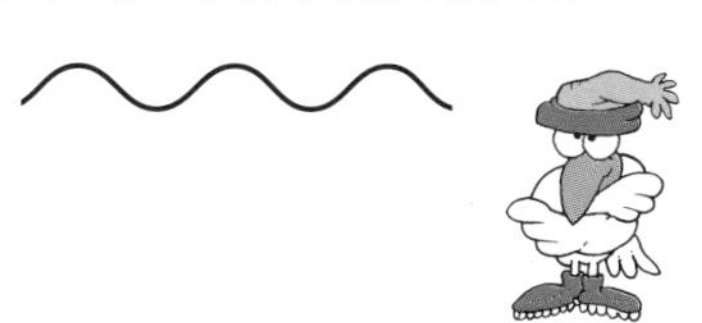

Pourquoi chercher dans le dictionnaire ?

Le dictionnaire est une véritable mine de renseignements. Observe bien cet exemple*.

> **cerf-volant** n.m. **1.** Montage léger de papier ou de tissu qu'on fait voler en le retenant par une ficelle : *Son cerf-volant vole plus haut que le mien.* **2.** Gros insecte coléoptère muni de pinces qui rappellent les bois du cerf : *Le cerf-volant est aussi appelé « lucane ».* **R.** Le *f* ne se prononce pas. Au pluriel, *cerfs-volants.*

Tu sais maintenant que :

- *cerf-volant* est un nom masculin (« n » et « m » sont des abréviations) ;
- ce mot a deux sens (ils sont numérotés) ;
- le « f » ne se prononce pas ;
- le pluriel est : cerfs-volants.

Voyons plus en détail chacun des renseignements que le dictionnaire peut te fournir. Le dictionnaire te donne des renseignements :

1 sur l'**orthographe d'un mot** et sur sa **nature**

Le mot et son orthographe.

La finale féminine du mot.

> **artisanal, ale, aux** adj. **1.** Qui se rapporte à l'artisan : *Le serrurier n'exerce plus un métier artisanal.* **2.** Qui n'est pas organisé comme l'industrie : *Ces courtepointes sont fabriquées de façon artisanale.* ☞ artisan.

La finale plurielle du mot.

La nature du mot (nom, adjectif, verbe, adverbe).

2 sur le **sens du mot**

> **brasser** v. **1.** Remuer quelque chose pour mélanger : *Brasse la pâte à gâteau avant de la verser dans les moules.* SYN. agiter, mêler. **2.** fig. Traiter de nombreuses affaires : *C'est un homme important qui brasse beaucoup d'affaires.* **3.** fig. Manier de grosses sommes d'argent : *Cette femme d'affaires brasse beaucoup d'argent.* ☞ brassage, brasseur. ▲ **brasser** v. Fabriquer de la bière : *On brasse la bière dans une brasserie.* HOM. brassée. ☞ brassage, brasserie, brasseur.

Chiffres qui séparent les divers sens du mot.

Divers sens du mot.

Précisions sur l'usage qu'on doit faire du mot (sens figuré, mot familier).

Un exemple pour chaque sens du mot.

* Tous les exemples sont tirés du dictionnaire *Le Petit Breton*, Rita Breton, Éditions HRW, Montréal, 1990.

3 qui te permettent d'**élargir ton vocabulaire**

Antonyme du mot défini (mot qui a un sens contraire).

Synonyme du mot défini (mot qui a un sens équivalent).

filtrer v. **1.** Faire passer à travers un filtre : *Il faut filtrer l'eau pour la rendre potable.* SYN. épurer, purifier. ANT. corrompre. **2.** Passer à travers un filtre : *Ce café met beaucoup de temps à filtrer.* SYN. couler. **3.** Pénétrer : *L'eau a filtré à travers le mur.* **4.** fig. Soumettre à un contrôle sévère : *Le service d'ordre filtre les arrivants au palais de justice.* **5.** fig. Être connu en dépit des obstacles : *La nouvelle a commencé à filtrer.* ☞ filtre.

Mot de la même famille que le mot défini.

4 qui te permettent de **mieux comprendre une expression**

bras n.m. **1.** Partie du membre supérieur comprise entre l'épaule et le coude : *En anatomie, le membre supérieur est séparé en deux parties : le bras et l'avant-bras.* **2.** Membre supérieur, de l'épaule à la main : *Richard s'est cassé le bras en tombant.* **3.** Personne qui travaille, qui agit : *L'industrie a besoin de bras.* SYN. travailleur. **4.** Objet dont la forme fait penser à un bras : *Les bras du fauteuil ne sont pas solides.* SYN. appui. **5.** Division d'un cours d'eau séparé par des îles : *Le fleuve Saint-Laurent forme deux bras quand il contourne l'île de Montréal.* ◊ *À bras-le-corps :* Avec les bras et par le milieu du corps. *À bras ouverts :* Avec chaleur, avec joie. *À tour de bras :* De toute sa force. *Bras dessus, bras dessous :* En se donnant le bras. *Se croiser les bras :* Ne rien faire. ☞ avant-bras, brassard, brassée.

Diverses expressions.

Leur explication.

Imagine combien le dictionnaire peut t'être utile dans tes productions écrites, dans tes lectures et même simplement pour satisfaire ta curiosité !

Comment chercher dans le dictionnaire ?

Connais-tu le secret pour trouver un mot dans le dictionnaire ? Tous les mots y sont classés par **ordre alphabétique**. Tu dois donc connaître l'ordre des lettres de l'alphabet pour chercher dans le dictionnaire.

Par exemple, si tu cherches le mot *promenade*, tu devras suivre les étapes que voici :

1 *promenade*
→ Ce mot se trouve dans la section ***p*** du dictionnaire.

2 Ouvre ton dictionnaire à une page au hasard.
Essaie d'être le plus près possible de la section ***p***.

montagnard

jet : *En suivant les instructions, j'ai pu effectuer le montage de cette bibliothèque.* SYN. installation. ANT. démontage. **2.** Choix et assemblage des différentes images d'un film : *Le montage du film a été effectué par une monteuse.* ☞ monter.

montagnard, arde n. et adj. **1.** n. Personne qui vit dans les montagnes : *Pendant notre voyage en Suisse, nous avons rencontré de vrais montagnards.* **2.** adj. Qui vit dans les montagnes : *Les peuples montagnards sont habitués aux rigueurs du climat.* **3.** adj. Qui se rapporte à la montagne : *Heidi aime beaucoup la vie montagnarde.* ☞ montagne.

montagne n.f. **1.** Grande élévation de terrain : *Les montagnes Rocheuses séparent l'Alberta et la Colombie-Britannique.* ANT. plaine. **2.** Région de forte altitude : *Chaque été, toute la famille passe les vacances à la montagne.* ANT. vallée. **3.** fig. Quantité importante de choses amoncelées : *Le bureau disparaît sous une montagne de cahiers.* SYN. amas, amoncellement, pile. / *Montagnes russes* : Suite de montées et de descentes rapides qu'un véhicule sur rails parcourt à vive allure. ☞ montagnard, montagneux.

montagneux, euse adj. Où il y a des montagnes : *La région des Laurentides est une région montagneuse.* SYN. accidenté, rocheux. ANT. plat. ☞ montagne.

montant n.m. Pièce verticale dans une construction, une échelle, un châssis de fenêtre ou de porte : *Les montants de l'échelle supportent les barreaux.* ▲ **montant** n.m. Total, somme d'un compte : *Le montant de tes dépenses est trop élevé.* SYN. coût, prix. ☞ monter.

montant, ante adj. **1.** Qui va de bas en haut : *L'eau monte peu à peu, c'est la marée montante.* ANT. descendant. **2.** Qui va vers le haut : *Cette chemise à col montant te va très bien.* ☞ monter.

monte-charge n.m.invar. Appareil qui sert à monter les marchandises, les charges pesantes d'un étage à l'autre : *Un monte-charge est une sorte d'ascenseur pour les objets lourds.* ☞ monter.

montée n.f. **1.** Action de monter vers un lieu élevé : *La montée de cette paroi escarpée a été difficile.* SYN. escalade. ANT. descente. **2.** Action de s'élever : *Les riverains surveillent la montée des eaux.* SYN. crue. **3.** Chemin qui conduit à un lieu élevé : *L'automobile est tombée en panne au milieu de la montée.* SYN. côte, rampe. **4.** fig. Augmentation : *La montée des prix est catastrophique pour les familles à faible revenu.* SYN. hausse. ANT. baisse, chute, diminution. HOM. monter. ☞ monter.

monte-charge

monte-pente n.m. Système ... biles et de sièges servant à transp... skieurs au sommet d'une pente : *Le mon... pente du mont Orford est en service toute l'année.* SYN. remonte-pente. **R.** Au pluriel, *monte-pentes.* ☞ monter.

monter v. **1.** Aller de bas en haut : *Nous sommes montés au sommet du mont Roya...* SYN. grimper. **2.** S'élever dans les airs : *D... grandes nappes de brouillard montent d... fleuve.* ANT. descendre. **3.** Aller en s'élevant : *La route monte en zigzaguant jusqu'au sommet de la colline.* **4.** Augmenter en hauteur : *Si les eaux de la rivière continuent à monter, il y aura sûrement une inondation.* **5.** Prendre place dans un véhicule, un avion, sur une bicyclette, un bateau : *Ma petite sœur est toute fière depuis qu'elle sait monter à bicyclette.* **6.** S'installer sur un animal pour se faire porter : *La cavalière monte un magnifique cheval noir.* **7.** Porter de bas en haut : *Le bagagiste a monté nos valises dans notre chambre, au deuxième étage.* **8.** Aller du grave à l'aigu : *La voix du chanteur monte doucement.* **9.** fig. Augmenter : *Le prix des maisons ne cesse de monter.* SYN. s'élever, hausser. ANT. diminuer. **10.** fig. Avoir de l'avancement, une meilleure situation : *Après plusieurs années de service, cet employé est monté en grade.* HOM. montée. ☞ démonter, montant, monte-charge, montée, monte-pente, monture, remontée, remonte-pente, remonter. se **monter** v.pron. **1.** Être monté : *Cette côte n'est pas trop raide : elle se monte facilement.* **2.** Atteindre un total : *Vos frais de voyage se montent à cent dollars.* ▲ **monter** v. **1.** Assembler les différentes parties d'un mécanisme, d'un objet : *Nous avons monté la tente en moins de dix minutes.* **2.** Choisir et assembler les différentes images d'un film : *Une fois monté, ce film sera un chef-d'œuvre.* **3.** fig. Organiser la représentation d'une pièce de théâtre, d'un spectacle : *On nous a présenté la metteure en scène qui a*

868

Tous les mots définis dans cette page commencent par la lettre ***m*** : tu es dans la section ***m***.

Dans l'alphabet, la lettre ***p*** vient après la lettre ***m*** (..., l, ***m***, n, o, ***p***, q, ...).

Tu sais donc que *promenade* se trouve un peu plus loin. Rends-toi à la section ***p***.

3 Une fois dans la section ***p***, regarde les mots apparaissant dans le haut des pages :

prolétaire

prolétaire n. et adj. **1.** n. Personne qui n'a que son salaire pour vivre et dont le niveau de vie est généralement bas : *Les prolétaires ne sont jamais riches.* SYN. indigent, pauvre. ANT. riche. **2.** adj. Qui n'a que son salaire pour vivre et dont le niveau de vie est généralement bas : *Les classes prolétaires ont des revenus modestes.* [...] prolétariat.

Le mot apparaissant dans le haut de la page de **gauche** est généralement le **premier mot** défini dans cette page.

[...] *une menace pour l'humanité.* ☞ proliférer.

proliférer v. **1.** Se multiplier, se reproduire rapidement : *Les moustiques prolifèrent dans les régions humides.* **2.** fig. Exister en grand nombre : *Les centres commerciaux prolifèrent dans les banlieues.* ☞ prolifération.

prolifique adj. Qui se multiplie, se reproduit rapidement : *Les souris et les lapins sont très prolifiques.* ANT. stérile.

prolifération proliférer prolifique

prolixe adj. **1.** Qui est trop long : *Ce discours prolixe m'a profondément ennuyé.* ANT. concis, court. **2.** Qui emploie trop de mots pour dire peu de choses : *J'espère que tu n'inviteras plus jamais cette oratrice prolixe.* SYN. bavard.

prologue n.m. Première partie d'un roman, d'une pièce de théâtre, d'un film, présentant des événements qui se sont passés avant le début de l'action : *Le prologue nous aide à situer les personnages et l'action d'un ouvrage.* ANT. épilogue. **R.** Ne pas oublier le *u* après le *g*.

prolongation n.f. **1.** Action de prolonger dans le temps ; résultat de cette action : *Le commis a demandé une prolongation de congé.* ANT. cessation. **2.** Dans les sports, temps ajouté à la fin d'un match en vue de départager deux équipes à égalité : *Notre équipe a marqué un point pendant la prolongation.* ☞ prolonger.

prolongé, ée adj. **1.** Qui se prolonge dans le temps : *Des hurlements prolongés nous parvenaient du hangar.* **2.** Qui se prolonge dans l'espace : *J'habite sur cette rue prolongée.* **3.** fam. Qui est dans un état plus longtemps qu'il n'est normal : *Il a trente ans, mais il n'a pas de maturité : c'est un adolescent prolongé.* HOM. prolonger. ☞ prolonger.

prolongement n.m. **1.** Action de prolonger dans l'espace, d'augmenter la longueur : *On a décidé le prolongement de l'autoroute jusqu'à la ville voisine.* **2.** Ce qui prolonge une chose : *La laborantine observe les prolongements de la cellule nerveuse.* **3.** plur. Conséquences, suites d'une situation, d'un événement : *Cette guerre aura des prolongements [...]eux pour le monde entier.* Dans le prolongement de : Dans la direction qui prolonge. [...]prolonger.

[...]olonger v. **1.** Augmenter la durée de quelque chose : *J'aimerais prolonger mes vacances, mais ce n'est pas possible.* ANT. raccourcir. **2.** Augmenter la longueur de quelque chose : *On va prolonger la route jusqu'au lac.* SYN. allonger. ANT. diminuer. **3.** Être le prolongement de quelque chose, rallonger : *La serre prolonge la maison.* HOM. prolongé. ☞ prolongation, prolongé, prolongement. **se prolonger** v.pron. **1.** Durer plus longtemps : *La réunion s'est prolongée jusqu'à 10 heures.* **2.** Aller plus loin : *Le sentier se prolonge ju[squ']à la rivière.*

promenade n.f. **1.** Action de se promener, de se balader ; trajet fait en se promenant : *Hélène est partie faire une promenade dans la forêt.* **2.** Lieu aménagé dans une ville pour les promeneurs : *La ville est en train d'aménager une promenade au bord de la rivière.* ☞ se promener.

promener v. **1.** Conduire en divers endroits pour le plaisir, le délassement : *Christian promène sa petite sœur dans les rues du quartier.* **2.** Déplacer, faire aller çà et là : *L'orateur promène son regard sur la foule.* *Envoyer promener quelque chose :* Rejeter quelque chose loin de soi. *Envoyer promener quelqu'un :* Renvoyer quelqu'un ; s'en débarrasser avec impatience. **se promener** v.pron. **1.** Aller d'un endroit à un autre pour se distraire, prendre l'air, faire de l'exercice : *Les soirs d'été, j'aime me promener au bord de la rivière.* SYN. se balader. **2.** Se déplacer : *Les doigts de la pianiste se promènent sur le clavier.* ☞ promenade, promeneur.

promeneur, euse n. Personne qui se promène, qui prend l'air, se balade : *Les promeneurs sont nombreux dans les quartiers touristiques.* ☞ se promener.

promesse n.f. **1.** Assurance de faire ou de dire quelque chose ; ce que l'on promet : *Je ne peux plus te faire confiance, car tu ne tiens jamais tes promesses.* SYN. parole. **2.** Engage-

1068

promulguer

[...] terminé la même année, un programme d'études sanctionné par un même diplôme : *Pascale est de la promotion de médecine de 1986.* **3.** Ensemble des moyens mis en œuvre pour favoriser le développement de quelque chose : *Il faudrait faire la promotion du tourisme dans notre région.* **4.** Ensemble des techniques qui visent à améliorer et à développer les ventes : *On a fait beaucoup de publicité pour la promotion de cette nouvelle automobile.* Article, produit en promotion : Article, produit vendu à un prix moins élevé pendant une campagne de promotion. ☞ promouvoir.

promotionnel, elle adj. Qui favorise, améliore les ventes : *Ce dentifrice est en vente à un prix promotionnel.* ☞ promouvoir.

promo[...] [...] à un [...]

Le mot apparaissant dans le haut de la page de **droite** est généralement le **dernier mot** défini dans cette page.

ANT. [...] *Je vous souhaite un prompt rétablissement.* **R.** Le deuxième *p* ne se prononce pas. ☞ promptement, promptitude.

promptement adv.litt. Rapidement : *J'ai terminé promptement mes devoirs pour avoir un peu de temps libre.* ANT. lentement. **R.** Le deuxième *p* ne se prononce pas. ☞ prompt.

promptitude n.f.litt. **1.** Manière d'agir d'une personne rapide, vive : *L'infirmière a exécuté ses tâches avec promptitude.* ANT. lenteur. **2.** Rapidité : *La promptitude de leur intervention m'a sans doute sauvé la vie.* ANT. retard. **R.** Le deuxième *p* ne se prononce pas. ☞ prompt.

promu, ue n. et adj. **1.** n. Personne qui vient d'être nommée à un grade, à un emploi supérieur : *Les nouveaux promus se félicitaient mutuellement.* **2.** adj. Qui vient d'être nommé à un poste plus élevé, à une fonction plus importante : *L'employée promue a droit à une augmentation de salaire.* ☞ promouvoir.

promulgation n.f. Publication officielle d'une loi pour la rendre explicable : *La promulgation de cette loi date déjà de plusieurs semaines.* ☞ promulguer.

promulguer v. Publier officiellement une loi pour la rendre applicable : *On vient de promulguer une loi concernant l'adoption internationale.* **R.** Ne pas oublier le *u* après le *g*. ☞ promulgation.

1069

Tu dois trouver les deux mots entre lesquels *promenade* s'insérera. N'oublie pas ! Tous les mots sont classés par **ordre alphabétique**

promenade

prolétaire
pro*m*enade
pro*m*ulguer

Promenade se situe entre *prolétaire* et *promulguer* : il se trouve donc dans l'une de ces deux pages.

4 Trouve le mot. N'oublie pas ! Tous les mots sont classés par **ordre alphabétique**

Voici quelques abréviations qui peuvent t'aider à comprendre une définition dans le dictionnaire.

adv. :	adverbe	**hom.** :	homonyme
adj. :	adjectif	**m.** :	masculin
ant. :	antonyme (mot de sens contraire)	**n.** :	nom
f. :	féminin	**pr.** :	pronom
fam. :	mot familier	**syn.** :	synonyme (mot de même sens)
fig. :	sens figuré	**v.** :	verbe

Les mots qui se cachent...

Méfie-toi ! Certains mots jouent parfois à cache-cache avec toi ! Si tu cherches un mot dans le dictionnaire et que tu ne le trouves pas, il se peut que :

1 tu n'aies pas bien respecté les étapes décrites dans les pages précédentes ;

2 le mot ne s'écrive pas tout à fait comme tu l'imaginais.

Les sons peuvent s'écrire de différentes façons.
Ainsi, le son « o » peut s'écrire « o », « eau », « eaux », « au », « aux », « hau », « ho », etc.

Par exemple, si tu cherches le mot

Tu pourrais imaginer différentes façons d'écrire le son « i » :

ibou
ybou
hibou
hybou

Si tu vérifies dans un dictionnaire, tu découvriras que la bonne façon est « **hi**bou ».

Les verbes qui se cachent...

Attention ! Pour trouver un **verbe** dans le dictionnaire, tu dois le mettre à l'**infinitif**

Exemple : Il pleut.
Pleut : **verbe *pleuvoir***.
Tu dois donc chercher *pleuvoir* dans le dictionnaire.

3. Stratégies d'autocorrection

Dans les pages suivantes, tu trouveras des stratégies d'autocorrection, c'est-à-dire des moyens pour corriger les phrases que tu composes ou tes productions écrites.

Dans ces stratégies, tu dois principalement :

1. trouver la nature des mots de tes phrases (noms, adjectifs, verbes, etc.) ;
2. établir les liens d'accord entre ces mots.

Pour t'y retrouver facilement, rappelle-toi que :

1. tout ce qui touche le **groupe du nom** sera souligné ou encerclé en **bleu** ;
2. tout ce qui touche le **groupe du verbe** sera souligné ou encerclé en **rouge**

STRATÉGIES D'AUTOCORRECTION

La phrase

Assure-toi que chacune de tes phrases commence par une **majuscule** et se termine par le **point** qui correspond (**. ? !**) au type de la phrase que tu as composée.

- Phrase déclarative affirmative ou négative :

  U*ne abeille et un oiseau-mouche font une course dans mon jardin* ***.***

- Phrase interrogative :

  Q*ui arrivera le premier aux fleurs du pommier* ***?***

- Phrase exclamative :

  C*'est l'oiseau-mouche* ***!***

- Phrase impérative :

  O*ffrons un bouquet de fleurs à l'abeille pour la consoler* ***.***

1 **Souligne en** bleu les noms apparaissant dans ta phrase.

Encercle en bleu les déterminants accompagnant les noms.

Souligne de petits traits bleus les adjectifs qualifiant les noms.

Ma vieille bicyclette perd les pédales.

2 Par une flèche de couleur noire, **relie** les déterminants et les adjectifs au nom auquel ils se rapportent.

Ma vieille bicyclette perd les pédales.

3 Trouve le **genre** et le **nombre** de chacun des noms. (En cas de doute, consulte un dictionnaire.)

4 **Accorde** les noms, les déterminants et les adjectifs en genre et en nombre.

STRATÉGIES D'AUTOCORRECTION

Le verbe

1 Repère le ou les **verbes** dans ta phrase et **souligne-les** en **rouge**. (Un truc pour les reconnaître : tu peux ajouter *ne...pas* ou *n'...pas* aux mots. *Exemples* : je *ne* mange *pas*, nous *n'*allons *pas*.)

n'adore pas

Ma grand-mère adore la planche à roulettes.

2 Trouve le **sujet** du verbe et **souligne-le** en **bleu**.
Relie la finale du verbe au sujet par une flèche de couleur noire.

Qui est-ce qui adore ?
Ma grand-mère.

Ma grand-mère adore la planche à roulettes.

3 Si le sujet n'est pas un pronom, **remplace-le** par le pronom qui convient (je, tu, il/elle, nous, vous, ils/elles).

elle

Ma grand-mère adore la planche à roulettes.

4 **Conjugue** le **verbe** à la personne et au nombre correspondant à son sujet.

Ma grand-mère adore la planche à roulettes.

Le participe passé employé avec l'auxiliaire *être*

1 Repère le **verbe *être*** dans ta phrase et **souligne-le en rouge**. Trouve, s'il y a lieu, le ***participe passé*** employé avec l'**auxiliaire être**. **Souligne-le de petits traits rouges**.

Les feuilles du lilas sont dévorées par des chenilles affamées.

2 Pose la question *qui ?* ou *qu'est-ce qui ?* pour trouver le nom (ou le pronom) auquel se rapporte le participe passé. **Souligne en** bleu ce nom ou ce pronom. **Relie** le participe passé au nom par une flèche de couleur noire.

Les feuilles du lilas sont dévorées par des chenilles affamées.

3 Trouve le **genre** et le **nombre** du nom. (En cas de doute, consulte un dictionnaire.)

Les feuilles du lilas sont dévorées par des chenilles affamées.

4 **Accorde le participe passé** en genre et en nombre avec le nom auquel il se rapporte.

Les feuilles du lilas sont dévorées par des chenilles affamées.

INDEX

R

S

T

V